www.tredition.de

Krenn Markus, Mosinzer Silvia, Polanc Isabel

Lebensmittel-intoleranzen leicht gemacht

www.tredition.de

© 2014 Krenn Markus, Mosinzer Silvia, Polanc Isabel

Verlag: tredition GmbH, Hamburg

ISBN
Paperback: 978-3-7323-1250-4
Hardcover: 978-3-7323-1251-1
e-Book: 978-3-7323-1252-8

Printed in Germany

1 Vorwort

Liebe Leserin, Lieber Leser!

Immer mehr Menschen sind von Nahrungsmittelunverträglichkeiten betroffen. Doch die Möglichkeiten, mit der Diagnose und dessen Folgeerscheinungen zu leben, haben sich in den letzten Jahren deutlich verbessert und so bieten immer mehr Lebensmittelfirmen bereits ein vielfältiges Sortiment derartiger Produkte an und auch die kleinen Bioläden um die Ecke gewinnen immer mehr an Bedeutung. Generell hat sich das Gesundheitsbewusstsein in den letzten Jahren sehr zum Positiven verändert, doch im rasanten Wandel der Zeit, wo Stress, Depressionen und Burn-out schon fast tägliche Begleiter sind, ist es unser Körper, der auf eine angemessene und ausgeglichene Ernährung angewiesen ist.

Wer kennt es nicht - man sitzt gemütlich mit der Familie am Mittagstisch und lässt sich die selbstgemachten Burger schmecken. Man verspürt plötzlich ein leichtes Ziehen im Bauchbereich, gefolgt von Krämpfen, die mit fortschreitender Zeit immer heftiger werden. Schlussendlich hilft nur noch der Gang zur Toilette, um sich zu erleichtern bzw. zu übergeben. Die meisten

Menschen können diese Warnsignale des Körpers nicht richtig deuten und dies kann ernsthafte Konsequenzen, sowie dauerhafte Folgen mit sich bringen.

Dieses Buch ist das Ergebnis unserer Diplomarbeit, welche wir im Rahmen unseres Abschlusses an der Handelsakademie 1 International Klagenfurt vorgelegt haben und betrifft die Themen Lebensmittelunverträglichkeiten und Lebensmittelallergien. Als Verfasser dieses Buches sind wir selbst von Lebensmittelunverträglichkeiten betroffen. Da wir auch immer wieder gegen die Symptome ankämpfen mussten, haben wir uns dazu entschlossen, dieses Thema für unsere Projektarbeit auszuwählen.

Aufgrund der Ergebnisse unserer Arbeit und die darauffolgende positive Kritik sowie das große Interesse an diesem Thema haben wir uns überlegt, Menschen, die ebenfalls von Allergien oder Intoleranzen betroffen sind, durch unsere Arbeit eine Hilfestellung zu geben und ihnen das Leben durch richtige Ernährung zu erleichtern. Das Buch soll als Ratgeber für Betroffene dienen und auch Interessierte können sich hier ein wenig über Ernährung und Intoleranzen einlesen.

In diesem Sinne wünschen wir Ihnen alles Gute sowie beste Gesundheit.

2 Ernährungslehre

2.1 Der Unterschied zwischen einer Unverträglichkeit und einer Allergie?

Bei der Nahrungsmittelallergie und der Nahrungsmittelintoleranz handelt es sich um zwei unterschiedliche Krankheitsbilder. Bei Personen, die unter einer Allergie leiden, reagiert das Immunsystem auf bestimmte Nahrungsbestandteile, in den meisten Fällen sind das Eiweiße. Typische Merkmale sind Hautausschläge, Juckreiz, tränende Augen, Schwellungen im Gesichtsbereich und kribbeln im Bereich der Mundschleimhaut.

Sind Personen von einer Unverträglichkeit betroffen liegt in den meisten Fällen ein spezifischer Enzymdefekt vor. Durch diesen Enzymdefekt kann die Nahrung nicht vollständig abgebaut werden. Dadurch kommt es zu Magen-Darm-Beschwerden wie Blähungen, Durchfall und Bauchschmerzen.

Allergien sind zumeist gefährlicher als eine Lebensmittelunverträglichkeit, da eine allergische Reaktion, je nach Grad der Allergie, lebensbedrohliche Auswirkungen haben kann.[1]

---

[1] vgl. http://www.frulakco.at/

2.2   Wie kommt es zur Unverträglichkeit?

Die Unverträglichkeit kann genetisch bedingt und damit vererbbar sein. Es können auch psychosomatische Ursachen dahinterstecken, wobei emotionale Faktoren dabei einbezogen werden müssen. Es kann auch eine andere Erkrankung hinter einer Unverträglichkeit stecken. Beim Verzehr bestimmter Lebensmittel, beispielsweise Milch, reagieren manche Patienten mit chronisch entzündlicher Darmerkrankung wie zB. Durchfall oder Blähungen. Ebenfalls eine Rolle spielen bei Unverträglichkeiten von Milch- und Fruchtzucker Erkrankungsprozesse, die den Transport oder die Verdauung bestimmter Kohlenhydrate betreffen. Es kann für die Betroffenen oft schwierig sein den genauen Verursacher herauszufinden, da Kohlenhydrate in vielen Lebensmitteln enthalten sind. Deshalb ist ein Arztbesuch in diesem Fall besonders ratsam, um auszuschließen, dass hinter der Unverträglichkeit eine andere Erkrankung steckt.[2]

2.3   Welche Nahrungsmittel kommen in Frage?

Nahrungsmittel, die eine Allergie auslösen können, sind Weizen, Kuhmilch, Nüsse, Schalen- und Krustentiere, pollenassoziierte Nahrungsmittel, wie Obst oder Honig und bestimmte Gemüsesorten, wie Sellerie, Fenchel oder Hülsenfrüchte.

---

[2] vgl. http://www.frulakco.at/

Bei Lebensmittelunverträglichkeiten handelt es sich überwiegend um Produkte die Milchzucker, Fruchtzucker oder Gluten (Klebereiweiß) enthalten, sowie histaminreiche Nahrungsmittel, wie Wein oder reifen Käse.[3]

2.4 Wie viele Menschen sind davon betroffen?

Österreichweit sind ca. 30 % der Personen von einer Nahrungsmittel-unverträglichkeit betroffen, welche natürlich eine erhebliche Einschränkung der Lebensqualität bedeuten kann. Die häufigsten Formen der Nahrungsmittelunverträglichkeiten sind Fructoseintoleranz (Fruchtzucker), Laktoseintoleranz (Milchzucker), Histaminintoleranz und Glutenintoleranz.[4]

---

[3] vgl. http://www.frulakco.at/
[4]vgl. ebenda

Häufigkeiten von Lebensmittelunverträglichkeiten
in Mitteleuropa

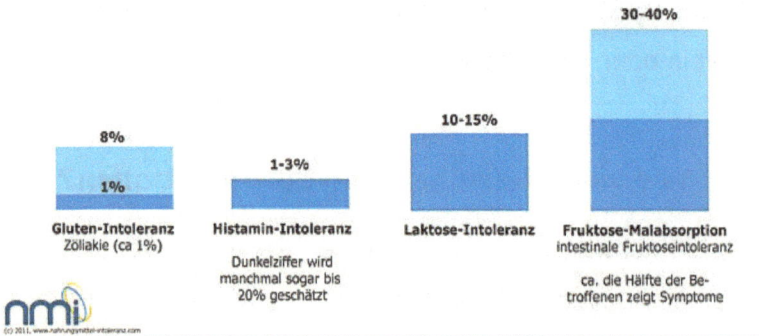

Abbildung 1: Häufigkeit der Lebensmittelunverträglichkeiten in Mittel-
europa5

2.5 Diagnose

Bei entsprechenden Beschwerden sollte geklärt werden, ob
eventuell eine Unverträglichkeit oder Allergie vorliegt. Dabei haben betroffene Personen die Möglichkeit sich mehreren Tests zu
unterziehen.

Diättest: Über einen gewissen Zeitraum wird das betreffende
Nahrungsmittel komplett weggelassen. Dabei wird beobachtet,
ob es zu einer positiven Veränderung kommt.

Expositionstest: Dabei wird das Nahrungsmittel in konzen-
trierter Form verabreicht und die Reaktion beobachtet.

---

5 http://derstandard.at/1313025435004/Veranstaltungshinweis-Laktose-
-Fruktose--und-Histaminintoleranz-im-Blick

In weiterer Folge gibt es auch noch die Möglichkeit sich einem H2-Atemtest, Blutzuckertest, Gentest oder einem Bluttest zu unterziehen sowie eine Untersuchung des Dünn- bzw. Zwölffingerdarms durchzuführen.

Weiteres bietet die Alternativmedizin Möglichkeiten zur Diagnose von Unverträglichkeiten an, wie den sogenannten kinesiologischen Test. Bei dieser Methode wird mittels eines Muskeltests, meist am Arm, überprüft, ob eine Person auf eine bestimmte Substanz mit Unverträglichkeit reagiert.[6]

2.6   Was hilft bei Lebensmittelintoleranz?

Bei Allergien setzt die Reaktion ein, sobald das Allergen eine bestimmte Schwelldosis erreicht hat. Deshalb sollte man bei Allergien das entsprechende Lebensmittel völlig meiden.

Die Menge des Lebensmittels spielt dagegen bei der Unverträglichkeit eine wesentliche Rolle. Eine Person, die beispielsweise Fructose nicht verträgt, aber zu viel Honig verzehrt, leidet umso mehr, je höher die Dosierung ist. Deshalb sollte man bei der Unverträglichkeit nach Möglichkeit und in Abstimmung mit dem Arzt das entsprechende Lebensmittel meiden. Da es möglicherweise zu einem Mangel bestimmter Nährstoffe kommen

---

[6] vgl. http://derstandard.at/1313025435004/Veranstaltungshinweis-Laktose--Fruktose--und-Histaminintoleranz-im-Blick

kann, müssen diese dann auf andere Weise ergänzt werden. Durch den Verzicht bestimmter Nahrungsmittel und die Einnahme bestimmter Medikamente können zwar die Symptome gelindert werden, aber es kann nicht die Ursache der Unverträglichkeit behoben werden. Dies ist von Fall zu Fall unterschiedlich und muss daher mit dem Arzt abgeklärt werden. Alternative Ansätze zur Behandlung von Nahrungsmittelunverträglichkeiten beziehen stark die Darmgesundheit mit ein und versuchen so das Problem gewissermaßen an der Wurzel zu packen. Viele Menschen würden aufgrund vereinzelter Erfahrungen bei Unverträglichkeit von bestimmten Nahrungsmitteln davon ausgehen, diese nicht zu vertragen und meiden diese völlig. In diesem Zusammenhang kommt es zu einseitiger Ernährung und in weiterer Folge zu Nährstoffdefiziten. Dies kann sich vor allem bei Kindern negativ auf die Entwicklung auswirken.[7]

---

[7] vgl. http://www.frulakco.at/

3 Fructose

Leidet man unter Durchfall und Bauchschmerzen nach dem Essen? Womöglich nach ganz besonders gesundem Essen wie Früchte? Nach mehreren Behandlungen und Untersuchungen vom Facharzt wird kein Problem gefunden? Genau dann könnte unter Umständen eine Fructose-Intoleranz vorliegen. Fructose ist das lateinische Wort für Fruchtzucker. In diesem Fall bereiten Früchte, Süßigkeiten und Honig unangenehme Verdauungsbeschwerden. Menschen, welche mit einer Fructose-Intoleranz konfrontiert werden, sind meist frustriert und glauben, dass eine gesunde Ernährung für sie nicht mehr möglich wäre. In sehr vielen Fällen lässt sich jedoch eine Fructose-Intoleranz heilen oder zumindest so unterbinden, dass der Verzehr von gewissen Fructosemengen wieder möglich wird bzw. gibt es zahlreiche Medikamente, welche man zu sich nehmen kann, um den Fruchtzucker zu verarbeiten. [8]

3.1   Was ist eine Fructoseintoleranz?

Fructose ist ein Einfachzucker (Monosaccharid) und gehört zu den Kohlenhydraten, welcher, unteranderem, oft gemeinsam mit Glucose (Traubenzucker) in vielen Lebensmitteln in unterschied-

---

[8]vgl. http://www.zentrum-der-gesundheit.de/fructose-intoleranz-ia.html

licher Menge und Verteilung vorhanden ist. Es ist eine farb- und geruchlose, leicht wasserlösliche, sehr süß schmeckende chemische Verbindung. Viele Menschen, auf der ganzen Welt, leiden unter einer Fructose-Intoleranz, die jedoch von vielen Ärzten oft unerkannt bleibt, sodass Betroffene oftmals jahrelang unter Beschwerden wie Bauchschmerzen oder Verdauungsproblemen leiden. Besonders viel Fructose findet sich natürlich in den Früchten selbst sowie in Lebensmitteln wie Marmelade oder Fruchtjoghurt, die aus reinen Früchten hergestellt werden. *„Wer gerne Light- oder Diät-Produkte einkauft, sollte wissen, dass in diesen Produkten oft reine Fructose als Süssungsmittel verwendet wird. Auch in speziellen Diabetiker-Produkten ersetzt die Fructose den Haushaltszucker."*[9]

Ein interessanter Fakt ist auch, dass normaler Haushaltszucker zu 50% aus Fructose besteht, somit kann es bei Menschen mit extremer Fructose-Intoleranz auch zur Unverträglichkeit bei normalem Zucker kommen. Menschen, die jedoch nur an einer geringfügigen Intoleranz leiden, dürften keine Probleme mit der Verträglichkeit von Haushaltszucker haben. Eine weitere Falle stellen Fertigprodukte jeglicher Art dar, da in ihnen oftmals Fructose verarbeitet wird, was jedoch nicht immer auf den Produkten ausgewiesen ist.[10]

---

[9]http://www.zentrum-der-gesundheit.de/fructose-intoleranz-ia.html
[10] vgl. ebenda

3.2 Wie viele Menschen sind davon betroffen?

Laut Statistik ist in Mitteleuropa etwa einer von 26.000 Menschen mit einer hereditären (angeborenen) Fructose-Intoleranz geboren worden und einer von 70 ist ein stummer Träger dieses Gendefekts. Dies bedeutet, die Krankheit ist im Körper vorhanden, bricht aber nicht aus, jedoch kann der Träger des Gendefekts die Krankheit an seine Kinder weitervererben.[11]

3.3 Symptome und Folgen

Jeder Mensch, der selbst an Allergien leidet weiß, dass mit einer Allergie oder Unverträglichkeit auch bestimmte Symptome einhergehen. Bezogen auf die Fruchtzuckerunverträglichkeit wären das Anzeichen wie Blähungen, Durchfall, Magen- und Bauchkrämpfe oder Übelkeit, die sofort nach dem Verzehr fructosehaltiger Lebensmittel auftreten können. Im weiteren Verlauf der Erkrankung kann es auch zu sogenannten sekundären Symptomen der Intoleranz kommen. Diese äußern sich durch Müdigkeit, eine erhöhte Infektionsanfälligkeit, Kopfschmerzen, Schwindel oder auch Depressionen. Außerdem kann eine Fructoseunverträglichkeit zu einem Mangel an anderen Nährstoffen bzw. Mikronährstoffen führen. Hierbei handelt es sich zum Bei-

---

[11] vgl. http://www.zentrum-der-gesundheit.de/fructose-intoleranz-ia.html

spiel um Nährstoffe wie Zink oder Folsäure. Neben den üblichen Symptomen einer typischen Fructose-Intoleranz gibt es auch Menschen, bei denen keine unangenehmen Symptome auftreten. In diesem Fall handelt es sich um eine Fructose-Malabsorption. Durch diese Unschlüssigkeit, in Bezug auf den Zusammenhang zwischen Unverträglichkeit und Symptomen, wird schnell klar, dass diese Krankheit auch durch die Wissenschaft noch nicht gänzlich erforscht ist.[12]

Die Folgen einer Fructose-Intoleranz sind gänzlich individuell und hängen vom Stadium des Erkennens ab. Wird eine Unverträglichkeit relativ früh bzw. im Anfangsstadium erkannt, gibt es genügend Mittel, um die Intoleranz und ihre quälenden Symptome zu lindern. Problematisch wird eine Fructoseunverträglichkeit dann, wenn sie über Jahre unerkannt und unbehandelt bleibt und der Patient sich trotz gewisser Symptome, wie Bauchschmerzen, weiterhin von fructosehaltigen Lebensmitteln ernährt. *„Je länger nämlich eine unbehandelte Fructose-Intoleranz besteht, umso gravierender können die Folgeschäden sein."*[13]

Beim Verzehr von größeren Mengen Fructose kann es bei einer Unverträglichkeit zu Folgeschäden, wie einer beschädigten Darmschleimhaut, kommen. Schäden an der Darmschleimhaut sind insofern gefährlich, da in der Darmschleimhaut die Enzyme

---

[12] vgl. http://www.zentrum-der-gesundheit.de/fructose-intoleranz-ia.html
[13] ebenda

Laktase und Diaminoxidase gebildet werden, die für den Milch-zuckerabbau sowie den Histaminabbau zuständig sind. Somit führt eine Schädigung der Darmschleimhaut durch den Verzehr von Fructose bei einer vorliegenden Intoleranz möglicherweise auch zu einer Laktose- oder Histaminintoleranz, im schlimmsten Fall zu beidem. Des weiteren kann eine nichterkannte Fructose-Intoleranz auch zu einer Dysbiose, einer sogenannten gestörten Darmflora, führen. Hierbei wandern Bakterien aus dem Dickdarm in den Dünndarm und Fermentationsprozesse die eigentlich erst im Dickdarm erfolgen, werden in den Dünndarm verlagert, was sehr unangenehm sein kann. Wenn eine Dysbiose über einen längeren Zeitraum unbehandelt bleibt, können diese Beschwer-den auch auftreten, wenn vorher keine Fructose verzehrt wur-de.[14]

3.4   Arten der Intoleranz

Wie bei vielen anderen Krankheiten ist es auch bei der Fruc-toseintoleranz möglich, diese auf verschiedene Arten zu erwer-ben. Im Allgemeinen unterscheidet man zwischen der vererbten und der erworbenen Fructoseunverträglichkeit. Die vererbte oder auch hereditäre Fructose-Intoleranz tritt bereits bei der Geburt auf, während die intestinale Fructoseintoleranz meist erst zu

---

[14] vgl. http://www.zentrum-der-gesundheit.de/fructose-intoleranz-ia.html

einem späteren Zeitpunkt etwa im Teenager- oder Erwachsenenalter auftritt.

3.4.1 Hereditäre Fructoseintoleranz

Die hereditäre Fructoseintoleranz zeigt sich schon bei Säuglingen durch Erbrechen, Durchfall und weiteren Unverträglichkeitsreaktionen. Die sogenannte HFI (Hereditäre Fructose-Intoleranz) entsteht durch einen Enzymdefekt, der sich mit einer Stoffwechselstörung paart. Durch den Enzymdefekt ist es der Leber nicht möglich, die Fructose vollständig abzubauen, wodurch der Fructosegehalt im Blut stetig steigt, da die Fructose trotzdem normal über die Darmschleimhaut aufgenommen wird. Durch den Anstieg des Fructosegehalts im Blut wird der Glucosegehalt immer geringer, was zu einem niedrigen Blutzuckerspiegel führt. Dies kann im schlimmsten Fall zur Bewusstlosigkeit führen und Leberfunktionsstörungen hervorrufen. Giftige Stoffwechselzwischenprodukte schädigen die Leber da die Fructose nicht vollständig abgebaut werden kann.[15] *„Eine HFI betrifft einen von 20.000 Säuglingen und erfordert eine sehr strenge Diät, da oft nicht einmal geringe Fructosemengen toleriert werden."[16]*

---

[15] vgl. http://www.zentrum-der-gesundheit.de/fructose-intoleranz-ia.html
[16] ebenda

3.4.2 Erworbene Fructoseintoleranz

Im Gegensatz zur HFI können bei einer erworbenen Fructoseintoleranz gewisse Mengen an Fructose eingenommen werden, dies kommt aber auf die persönliche Toleranzgrenze jedes Einzelnen an. Unter Umständen ist es auch möglich, die Mengen an Fructose im Laufe der Zeit wieder zu steigern. Es handelt sich also – im Gegensatz zur HFI – nicht um eine Stoffwechselstörung, sondern um eine Resorptionsstörung, also um die Unfähigkeit des Körpers, die Fructose über die Dünndarmschleimhaut in die Blutbahn aufzunehmen. Im Vergleich zur HFI kommt die erworbene Fructoseintoleranz sehr viel häufiger vor.[17]

3.5 Diagnose

Die Diagnose einer Fructoseintoleranz kann auf verschiedene Arten erfolgen. Hier ist anzumerken, dass jedoch viele Mediziner zuerst von einem Reizdarmsyndrom ausgehen, welches durch unterschiedlich teure Tests, wie Darmspiegelungen oder dergleichen festgestellt wird. *„Dazu kommt, dass Intoleranzen an den Universitäten bislang nur sehr spartanisch (wenn überhaupt) unterrichtet werden. Das bedeutet natürlich, dass die für Intoleranzen nötigen diagnostischen Maßnahmen bei vielen Gastro-*

---

[17] vgl. http://www.zentrum-der-gesundheit.de/fructose-intoleranz-ia.html

enterologen nur selten zum Basis-Repertoire ihrer Untersuchungen gehören. "[18]

Um auf eine Fructoseintoleranz schließen zu können, müssen zuerst Probleme an der Galle oder der Bauchspeicheldrüse ausgeschlossen werden. Dies erfolgt im Allgemeinen durch eine Stuhluntersuchung. Auch das Führen eines Ernährungstagebuches kann dem Arzt bei der Diagnose einer Fructoseintoleranz helfen, da durch ein genaues Notieren der Lebensmittel, Beschwerden und Symptome etwaige andere Intoleranzen, wie die Laktoseintoleranz, die Glutenintoleranz oder Histaminintoleranz, ausgeschlossen werden können. Die Laktoseintoleranz zeigt sich zwar durch die gleichen Symptome wie die Fructoseintoleranz, diese treten jedoch nach den Verzehr von Milch und Milchprodukten auf.[19]

3.5.1 Atemtest

Ein weiterer Schritt bei der Diagnose einer Fructoseintoleranz ist der Atemtest, der bei verschiedenen Ärzten durchgeführt werden kann. Beim Atemtest der Fructoseintoleranz wird die Wasserstoffmenge im Atem gemessen, der im Dickdarm bei der Fermentation der Fructose entsteht. Zur Durchführung des

---

[18] http://www.zentrum-der-gesundheit.de/fructose-intoleranz-ia.html
[19] vgl. ebenda

Atemtests trinkt der Patient eine Fructose-Lösung auf nüchternen Magen. Anschließend wird im Abstand von 15 - 30 Minuten, zwei Stunden lang, der Gehalt an Wasserstoff im Atem gemessen. Nach einem Vergleich des Ausgangswertes mit den gemessenen Werten kann eine Diagnose gestellt werden. *„Befinden sich die Wasserstoffwerte zwischen 10 und 20 ppm oder darüber, dann ist eine Fructoseintoleranz wahrscheinlich. Werte von unter 10 ppm weisen normalerweise auf eine gesunde Fructose-Verstoffwechslung hin."*[20] Anzumerken ist hier, dass in den 4 Wochen vor einem Atemtest keine Darmspiegelung oder Colon-Hydro-Therapie durchgeführt werden darf. Außerdem kann auch die Einnahme von Antibiotika die Testergebnisse verfälschen, da durch diese Maßnahmen Darmbakterien getötet werden können und somit kein Wasserstoff in der Atemluft nachweisbar wäre. [21]

3.5.2 Tryptophan-Messung

Eine andere, jedoch nicht so bekannte Möglichkeit, eine Fructoseintoleranz auszutesten, ist die Messung von Tryptophan. Das ist eine Aminosäure und wird für die Bildung des Hormons Serotonin gebraucht. Serotonin gilt auch als das „Glückshormon"

---

[20]http://www.zentrum-der-gesundheit.de/fructose-intoleranz-ia.html
[21] vgl. ebenda

und verschafft den Menschen gute Laune. Somit kann durch das Fehlen von Tryptophan der Serotoninspiegel sinken, was wiederum zu schlechter Laune oder sogar Depressionen führen kann. Daher ist eine Messung des Tryptophan im Blut auch eine Möglichkeit zur Diagnose einer Fructoseintoleranz.

Des Weiteren kann auch eine Pilzinfektion mit dem Pilz "Candida albicans" die Herausbildung von Intoleranzen fördern, da der Pilz die Darmschleimhaut angreift. [22]

3.6   Behandlung

3.6.1 Symptomatische Therapie

Da die Darmspiegelung keine Defekte ans Tageslicht bringt, wird oft als Diagnose Reizdarmsyndrom gestellt. In diesen Fall therapiert die Schulmedizin die Symptome. Der Patient erhält Arzneimittel gegen Durchfall und Blähungen, entkrampfende sowie schmerzlindernde Medikamente gegen die Bauchkrämpfe und Antidepressiva, sollten die Depressionen überwiegen. Dadurch wird der Patient zum Dauerpatienten und die ständige Einnahme von Medikamenten führt früher oder später zu neuen Beschwerden. Dies kann also nicht als endgültige Lösung angesehen werden.

---

[22] vgl. http://www.zentrum-der-gesundheit.de/fructose-intoleranz-ia.html

3.6.2 Antibiotika-Therapie

Wird der Wasserstoff-Atemtest vorgenommen und fällt dieser positiv aus, kann es durchaus passieren, dass der Arzt auch Antibiotika zur Behandlung anordnet. Das tut er dann, wenn er eine Dünndarmfehlbesiedlung (DDFB) vermutet. *„In einer Studie wurde gezeigt, dass eine bereits einwöchige Antibiotika-Gabe nicht nur zu einer Verringerung der Symptome, sondern sogar gleich zum Verschwinden etlicher Intoleranzen geführt haben soll."* [23] Die sogenannte DDFB kann Fructoseintoleranz-Symptome entweder vortäuschen oder sogar die Darmschleimhaut so schädigen, dass es zu einer Fructoseintoleranz kommen kann.[24]

3.6.3 Ganzheitliche Maßnahmen

In den meisten Fällen klärt jedoch ein ganzheitlich tätiger Therapeut die beschriebenen Verdauungsbeschwerden ab, um daraus die folgende Nahrungsmittelintoleranz zu diagnostizieren. Steht eine Fructoseintoleranz fest, sollte in den meisten Fällen eine sofortige Ernährungsumstellung eine meist unmittelbare Linderung der Beschwerden bringen. Je nach Ausprägung der Fructoseintoleranz kann das mehrwöchige oder mehrmonatige

---

[23]http://www.zentrum-der-gesundheit.de/fructose-intoleranz-ia.html
[24] vgl. ebenda

Meiden von Fructose mit einer Symbioselenkung (Aufbau der Darmflora) bereits zu einer Heilung der Fructoseintoleranz oder zumindest zu einer Verträglichkeit einer höheren Fructose-Menge führen.[25]

3.7 Ernährung

Sobald eine Fructoseintoleranz vermutet wird, sollten sofort alle zuckerreichen Speisen gemieden werden, damit sich das Verdauungssystem erholen kann.

Bei der Ernährung sollte man sehr konsequent sein und auch vor allem darauf achten, welche Lebensmittel Fruchtzucker in sich haben. Viele Patienten befürchten in den meisten Fällen, dass sie sich nie mehr gesund ernähren können. Diese Behauptung stimmt jedoch nicht und der Betroffene kann sich mit Hilfe von Ernährungstabellen ansehen, was er zu sich nehmen darf und was gemieden werden sollte.[26]

Bei einer festgestellten Fructoseintoleranz sollte die tägliche Fructosemenge von 2 Gramm nicht überschritten werden. Diese 2 Gramm sind zum Beispiel bereits in 30 Gramm Äpfel oder 8 Gramm Trockenfeigen enthalten. Um einen Vergleich zu bekommen, dass es auch Lebensmittel gibt, welche zwar Frucht-

---

[25] vgl. http://www.zentrum-der-gesundheit.de/fructose-intoleranz-ia.html
[26] vgl. ebenda

zucker enthalten, dieser jedoch nicht immer stark vertreten ist, kann man als Beispiel Champignons oder Buchweizen miteinbeziehen. Die 2 Gramm, welche oben mit den Äpfeln erläutert wurden, nimmt man bei Champignons erst ab 3 Kilogramm zu sich, bei Endiviensalat mit 4 Kilogramm, mit 10 Kilogramm Avocados oder mit 1,5 Kilogramm Kartoffeln. Wie man sieht, kann man sich auch bei einer Fructoseintoleranz ohne weiteres sehr gesund ernähren. [27]

2 Gramm Fructose sind enthalten in:

8 Gramm	Trockenfeigen
30 Gramm	Äpfel
1,5 Kilogramm	Kartoffeln
3 Kilogramm	Champignons
4 Kilogramm	Endiviensalat
10 Kilogramm	Avocados

Tabelle 1: Übersicht Fructosegehalt

---

[27] vgl. http://www.zentrum-der-gesundheit.de/fructose-intoleranz-ia.html

Lebensmittelliste

Beschreibung:	3 Sterne	frei	Fructosefrei
	2 Sterne	wenig	unter 1g Fructose / 100 g
	1 Stern	mittel	1 - 4,5g Fructose / 100g
	0 Sterne	viel	über 4,5g Fructose / 100g

Lebensmittel	Sterne
Bier alkoholfrei	***
Bohnen weiß trocken	***
Ei	***
Eiklar	***
Holundersaft	***
Johannisbeere schwarz	***
Malzgetränk	***
Pfirsich getrocknet	***
Rotwein leicht	***
Vollbier hell	***
Weintraube getrocknet	***
Avocado	**
Bambussprossen	**
Batate	**
Bleichsellerie	**
Blumenkohl	**
Broccoli gekocht	**
Champignons	**
Chicorée	**
Chinakohl	**
Endivie	**
Erbse grün (Dose)	**
Erbse Schote	**
Feldsalat	**

Lebensmittel	Sterne
Gerte	**
Grahambrot	**
grüne Bohnen (Dose)	**
Grünkohl	**
Gurke	**
Hafermehl	**
Kaktusfeige	**
Karotten (Dose)	**
Karotten gekocht	**
Kartoffel	**
Kichererbse	**
Knollensellerie	**
Kohlrübe	**
Kopfsalat	**
Kren	**
Limetten	**
Linse trocken	**
Mai	**
Mangold	**
Marille	**
Nährbier	**
Okra	**
Papaya	**
Pastinake	**
Petersilie Blatt	**
Petersilie Wurzel	**
Radieschen	**
Rettich	**
Rhabarber	**

Lebensmittel	Sterne
Rindfleisch mager	**
Roggen Korn	**
Roggenbrot	**
Roggenmischbrot	**
Rosenkohl	**
Rote Rübe	**
Sauerkraut abgetropft	**
Schnittlauch	**
Schwammerl	**
Schwarzer Tee	**
Schwarzwurzel	**
Semmel	**
Spargel	**
Spinat	**
Steinpilz	**
Weißbier	**
Weißwein	**
Weizen Korn	**
Weizenkeime	**
Weizenkleie	**
Weizenmehl T 405	**
Weizenmehl T 630	**
Weizenmehl T 812	**
Weizenmischbrot	**
Wirsingkohl	**
Zuckermais	**
Ananas	*
Ananassaft (Dose)	*
Artischocke	*

Lebensmittel	Sterne
Aubergine	*
Banane	*
Blaukraut	*
Bohnen grün	*
Broccoli	*
Brombeere	*
Cola-Getränk	*
Erdbeere	*
Fenchel	*
Grapefruit	*
Grapefruitsaft frisch	*
Heidelbeere	*
Himbeersaft	*
Honigmelone	*
Johannisbeere rot	*
Johannisbeere weiß	*
Johannisbeerensaft rot	*
Johannisbeerensaft schw.	*
Karotten	*
Kohlrabi	*
Kürbis	*
Lauch	*
Litschi	*
Mandarine	*
Mandarinensaft frisch	*
Mango	*
Orange	*
Orangensaft	*
Orangensaft frisch	*

Lebensmittel	Sterne
Paprikaschote	*
Pfirsich	*
Pflaume	*
Preiselbeere	*
Roggenvollkornbrot	*
Schwarzwurzel, gekocht	*
Stachelbeere	*
Tomate	*
Tomatensaft	*
Wassermelone	*
weiße Rübe	*
Weißkohl	*
Zitrone	*
Zitronensaft	*
Zucchini	*
Zwiebel	*
Ananas (Dose)	0
Apfel	0
Apfel getrocknet	0
Apfelgelee	0
Apfelmus	0
Apfelsaft	0
Brombeerkonfitüre	0
Dattel getrocknet	0
Erdbeere (Dose)	0
Erdbeerkonfitüre	0
Feige getrocknet	0
Granatapfel	0
Grapefruitsaft (Handel)	0

Lebensmittel	Sterne
Hagebuttenmarmelade	0
Heidelbeeren (Dose)	0
Heidelbeerkonfitüre	0
Himbeere	0
Himbeergelee	0
Himbeerkonfitüre	0
Honig	0
Johannisbeernektar schwarz	0
Johannisbeerengelee rot	0
Johannisbeerenkonfitüre	0
Kaki	0
Kirsche (sauer und süß)	0
Kirschkonfitüre	0
Kiwi	0
Marillen getrocknet	0
Marillenkonfitüre	0
Mirabelle	0
Orangenkonfitüre	0
Pflaume getrocknet	0
Preiselbeere (Dose)	0
Quittengelee	0
Rosinen	0
Sauerkirschsaft	0
Trauben	0
Traubensaft	0

Tabelle 2: Lebensmittelliste Fructose[28]

---

[28] vgl. http://www.fructose.at/pdf/booklets/fructose_tabelle.pdf

Lebensmittel welche zu den fructoseärmsten gehören sind:

- Pilze

- Avocados

- Zucchini

- grünes Blattgemüse

- Knollensellerie

- Nüsse, Mandeln, Kokosnüsse und Ölsaaten (Sonnen-
blumenkerne, Kürbiskerne, etc.)

- Kartoffeln

- glutenfreie Beilagen wie Mais, Buchweizen, Hirse, Reis

- Vollkornprodukte (sollte beim Kauf auf den Fructose-
Zusatz geachtet werden), diese sollten jedoch nur gering-
fügig verzehrt werden;

- Fleisch, Fisch, Eier (jedoch frisch zubereitet und nicht in
Form von Wurst oder anderweitigen Fertigprodukten

- Natürliche Milchprodukte sind zwar fructosefrei, da ein
fructoseintoleranter Darm jedoch gerne auch eine Laktoseintoleranz entwickelt und Milchprodukte noch weitere
Nachteile haben, wird von Milchprodukten mehr oder weniger abgeraten.[29]

---

[29]vgl. http://www.zentrum-der-gesundheit.de/fructose-intoleranz-ia.html

Sollte die Fructoseintoleranz als schwach diagnostiziert werden, kann man auch eine kleine Menge von fructoseärmeren Früchten in den Speiseplan mit einbeziehen wie zum Beispiel Mandarinen, Aprikosen, Rhabarber und Papaya.

Wurde mit Hilfe der richtigen Ernährung die Fructoseintoleranz gehemmt, kann man Schritt für Schritt immer mehr Fructose Produkte zu sich nehmen und so testet man sich langsam an die individuelle Fructoseintoleranz heran. Jedoch sollte man eher mit den fructoseärmeren Lebensmitteln, wie Aprikosen, und nicht mit Äpfeln oder Birnen beginnen. Mit Hilfe eines Ernährungstagesbuches kann man die Verträglichkeit von etwaigen Lebensmitteln immer mit dokumentieren.[30]

---

[30]vgl. http://www.zentrum-der-gesundheit.de/fructose-intoleranz-ia.html

4 Laktose

4.1 Was ist eine Laktoseintoleranz?

Menschen, die Milchzucker (Laktose) nicht richtig abbauen können, sind laktoseintolerant. Ihnen fehlt oder mangelt es am Enzym Laktase, welches zum Abbau vom Milchzucker benötigt wird. Die Folgen sind Blähungen, Bauchschmerzen, Durchfall und Übelkeit.

Was passiert im Darm?

Im menschlichen Körper wird Laktose im Dünndarm in seine Bestandteile (Glukose und Galaktose) zerlegt, damit Kohlenhydrate aufgenommen werden können. Dies geschieht durch das Enzym Laktase. Fehlt dieses Enzym gelangt die Laktose unzerlegt in den Dickdarm. Die dort ansässigen Darmbakterien spalten die Laktose in Methan, Kohlendioxid, Wasserstoff und Fettsäuren, was dann zu Blähungen und Durchfall führt.[31]

---

[31] vgl. http://www.frulakco.at/diverses/FrulakcoLaktose.pdf

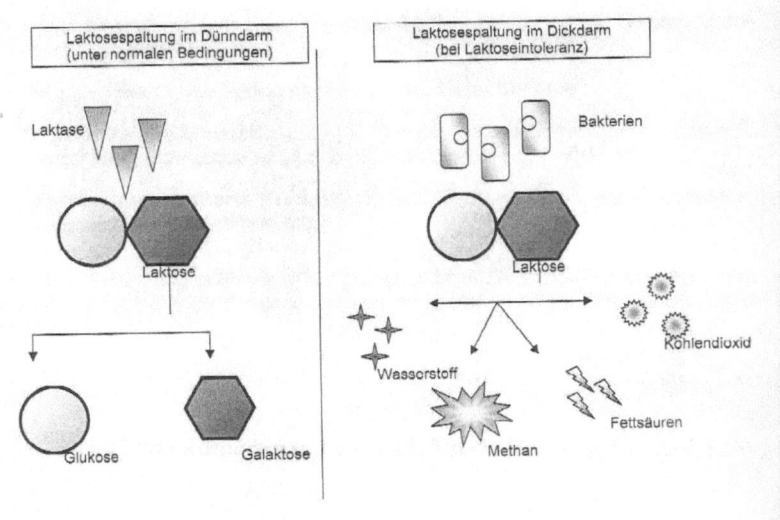

Abbildung 2: Laktosespaltung im Dünndarm bzw. im Dickdarm32

4.2 Wie viele Menschen sind davon betroffen?

Weltweit können ca. dreiviertel der Menschen im Erwachsenenalter Laktose nicht mehr richtig abbauen. In Österreich sind es 15-20 Prozent.[33]

---

[32] http://www.frulakco.at/diverses/FrulakcoLaktose.pdf
[33] vgl. http://www.netdoktor.at/krankheit/laktoseintoleranz-8073

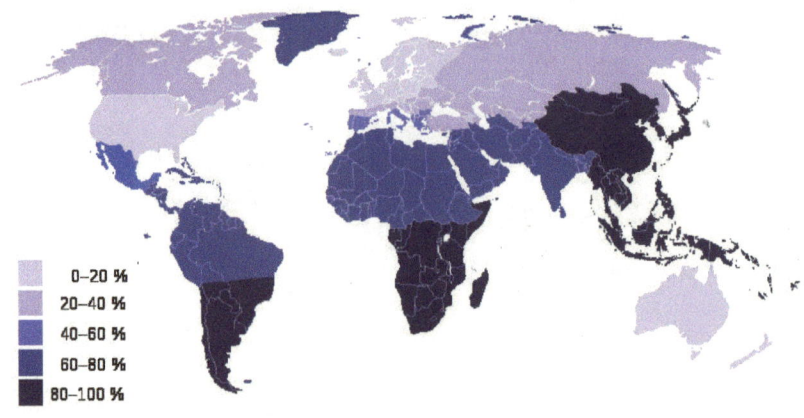

	0–20 %
	20–40 %
	40–60 %
	60–80 %
	80–100 %

Abbildung 3: Weltkarte Häufigkeit der Laktoseintoleranz34

4.3   Symptome und Folgen

Die Ausprägung der Beschwerden variiert von Mensch zu Mensch, da jeder eine andere Toleranzgrenze bei Laktose hat. Bei einigen treten Beschwerden schon bei der kleinsten Menge Laktose auf, andere können gewisse Mengen ohne Probleme verdauen.

Folgende Beschwerden treten nach einigen Minuten bzw. wenigen Stunden nach dem Verzehr von laktosehaltigen Produkten auf:

- unangenehmes Völlegefühl
- geblähter Bauch

---

[34] https://laktoseintoleranztest.info/

- Blähungen
- Bauchdrücken
- Bauchkrämpfe
- Durchfällen
- Übelkeit
- Erbrechen

Manche Betroffene berichten aber auch von untypischen Symptomen nach dem Verzehr, wie zum Beispiel:

- Konzentrationsstörungen
- Schlafstörungen
- Müdigkeit
- Erschöpfung
- Verstimmung
- Kopfschmerzen

Die Stärke der Beschwerden hängt von mehreren Faktoren ab:

- die Menge der verzehrten Laktose
- die Restaktivität der Laktase (das Enzym wird bei manchen noch in Restmengen produziert.)
- die individuelle Empfindlichkeit der Person

- die Zusammensetzung der Darmflora (Alter und Ernährung des Menschen, welche Bakterien im Darm vorhanden sind)
- die Magenentleerung und Dünndarmpassagezeit (Fette und kalte Speisen sind länger im Magen und Dünndarm und werden daher von laktoseintoleranten Menschen besser vertragen.)[35]

Tipps bei akuten Beschwerden:

Bei Bauchschmerzen:

- Tee trinken (Fenchel-, Kamillen-, Lavendel oder Ingwertee)
- Eine Wärmflasche auf den Bauch legen und mit angewinkelten Beinen seitlich liegen
- Eine eventuell festsitzende Blähung kann mit leichten Bewegungen (Treppensteigen) gelöst werden.
- Den Bauch im Uhrzeigersinn mit leicht kreisenden Bewegungen massieren
- Fettarme Gerichte zubereiten. (grillen, dämpfen, dünsten)
- Kleine Portionen essen und sorgfältig kauen.

---

[35]vgl. http://www.netdoktor.at/krankheit/laktoseintoleranz-8073

Bei Durchfall:

- viel trinken (Fenchel-, Schwarztee oder Wasser)
- Langsam eine Reissuppe mit etwas Salz essen.
- Einen geriebenen Apfel oder eine zerdrückte Banane langsam essen.
- Den Bauch mit einer Wärmflasche wärmen.[36]

4.4 Risiken

Da durch das Weglassen von Milchprodukten ein wichtiger Kalziumlieferant wegfällt (besonders wichtig für den Knochenaufbau), sollte man darauf achten, das Kalzium durch andere Lebensmittel aufzunehmen. Kalziumreiche Gemüsesorten sind zum Beispiel: Brokkoli, Fenchel, Kohl, Kohlrüben, Sellerie, Lauch und Gartenkresse. Kalziumreiche Obstsorten: Himbeeren, Brombeeren, Kiwi, Feigen, Orangen und Trockenobst. Haselnüsse, Mandeln, Paranüsse und Pistazienkerne enthalten auch viel Kalzium. Es gibt einige kalziumreiche Mineralwasser, sowie kalziumangereicherte Produkte wie zum Beispiel Hohes-C-Fruchtsäfte und Fruchttiger.[37] Ansonsten besteht die Gefahr einer Osteoporose, eine Erkrankung des gesamten Skelettsystems. Die Folgen davon sind Knochenschmerzen (besonders im

---

[36] vgl. GU Kompass "Laktose Intoleranz" 1 Auflage 2012, Gräfe und Unzer Verlag GmbH, Seite 2
[37] vgl. http://www.frulakco.at/diverses/FrulakcoLaktose.pdf

Rücken), starke Neigung zu Knochenbrüchen und Zusammensinken der Wirbelkörper. Bei Vegetariern kann es außerdem zu einem Eiweißmangel kommen. Dies führt zu einem schlechteren Zellstoffwechsel und einer Unterfunktion der betroffenen Körperregionen. Die Folgen sind körperliche Fehlfunktionen, Entwicklungs- und Wachstumsstörungen.[38]

4.5 Arten der Intoleranz

Man unterscheidet zwischen der primären und der sekundären Laktoseintoleranz, sowie dem selten angeborenen Laktasemangel.

4.5.1 Die primäre Laktoseintoleranz

Die primäre Laktoseintoleranz ist die häufigste Form. Im Anschluss an laktosehaltiges Essen kommen Beschwerden wie Blähungen und Durchfall zum Vorschein.[39]

4.5.2 Die sekundäre Laktoseintoleranz

Bei der sekundären Laktoseintoleranz ist eine Schädigung der Dünndarmschleimhaut und somit der Laktase produzierenden Zellen vorhanden. Ursachen dafür können Infektionen des

---

[38]vgl. http://www.ernaehrung.de/tipps/laktoseintoleranz/lakto10.php
[39]vgl. http://www.netdoktor.at/krankheit/laktoseintoleranz-8073

Dünndarms, Erkrankungen wie zum Beispiel Morbus Crohn oder die Glutenintoleranz, sowie Darmoperationen, Chemo- und Strahlentherapie sein. Meist ist dies aber nur vorübergehend und somit wird nach Beendung der Erkrankung wieder ausreichend Laktase produziert.

4.5.3 Angeborener Laktasemangel

Bei dem selten angeborenen Laktasemangel wird aufgrund eines genetischen Defektes schon nach der Geburt keine oder nur sehr wenig Laktase gebildet. Schon beim Stillen kommt es zu wässrigen Durchfällen. Dadurch kommt es zu einer mangelnden Aufnahme von Flüssigkeit und Nährstoffen und somit zu einer Gedeihstörung für das betroffene Kind. Laktase wird erst in den letzten Schwangerschaftswochen produziert und somit vertragen die meisten Frühgeburten in der ersten Zeit keine Muttermilch.[40]

4.6　Diagnose

Intoleranzen können mit einem einfachen Test festgestellt werden. Man nimmt einige Wochen keine laktosehaltigen Nahrungsmittel, wie Milch, aber auch Nahrungsmittel, denen Laktose zugesetzt wird, wie bei Fertiggerichten, zu sich. Nach der laktosefreien Zeit nimmt man Laktose wieder zu sich (ca. 50g in ei-

---

[40] vgl. http://www.netdoktor.at/krankheit/laktoseintoleranz-8073

nem halben Liter Wasser). Treten die Beschwerden dann nach einiger Zeit wieder auf, liegt höchstwahrscheinlich eine Laktoseintoleranz vor. Jedoch ist dieser Selbsttest keine Bestätigung einer Laktoseintoleranz und so sollte man weitere Tests unter ärztlicher Behandlung absolvieren.

4.6.1 Atemtest

Beim Atemtest gibt man der Person 50g Laktose, in Wasser aufgelöst, zum Trinken. Bei einem Laktasemangel wird der Milchzucker erst im Dickdarm von den Bakterien zersetzt. *"Dabei entsteht unter anderem gasförmiger Wasserstoff, der über das Blut zur Lunge gelangt und abgeatmet wird."*[41] Die abgeatmeten Wasserstoffmengen werden vor und nach dem Test gemessen. Ist der Unterschied über einem gewissen Ausmaß, ist die Laktoseintoleranz positiv getestet. Allerdings gibt es Personen, die trotz einer Laktoseintoleranz, ein normales Testergebnis haben. Sie haben so viele methanbildende Bakterien im Darm, dass sie den Wasserstoff gar nicht erst produzieren oder sofort verwerten. [42]

---

[41] http://www.netdoktor.at/krankheit/laktoseintoleranz-8073
[42] vgl. ebenda

4.6.2 Bluttest

Ein weiterer Test ist der Bluttest. Es wird der Anstieg des Blutzuckers gemessen. Einmal vor dem Trinken und danach in regelmäßigen Abständen. Da bei ausreichender Laktase die Laktose in Glukose und Galaktose gespalten wird, steigt der Blutzucker an. Ist der Blutzuckeranstieg allerdings zu gering, geht man von einer Laktoseintoleranz aus.[43]

4.7   Behandlung

4.7.1 Primäre Laktoseintoleranz

Diese ist nicht heilbar, aber durch die Anpassung der Ernährung kann ein beschwerdefreies Leben geführt werden. Da meist ein wenig Milchzucker abgebaut werden kann, muss man auch nicht komplett auf laktosehaltige Lebensmittel verzichten. Jeder laktoseintolerante Mensch hat seine eigene Toleranzgrenze und muss diese für sich selbst austesten. Am Besten tut man dies, in dem man einige Wochen keine Laktose zu sich nimmt und dann langsam kleine Mengen zuführt.

Es gibt auch Präparate die unmittelbar nach dem Essen eingenommen werden und den Abbau von Laktose unterstützen.

---

[43] vgl. http://www.netdoktor.at/krankheit/laktoseintoleranz-8073

Die Dosierung wird an den Laktosegehalt der Speise angepasst, was allerdings nicht sehr einfach ist.

4.7.2 Sekundäre Laktoseintoleranz

Da die sekundäre Laktoseintoleranz nur infolge einer Erkrankung zustande kommt, muss die Erkrankung behoben werden, danach kann Laktose wieder normal verdaut werden.

4.7.3 Angeborener Laktasemangel

Hier muss eine strenge, dauerhaftlaktosefreie Diät eingehalten werden.[44]

4.8 Ernährung

In Milch und Milchprodukten ist sehr viel Laktose enthalten. Käse hingegen enthält sehr wenig Laktose und wird dadurch gut vertragen. Joghurt oder Buttermilch können durch die vielen Milchsäurebakterien Laktose spalten und sind somit auch gut verträglich. Als Alternative zur Milch gibt es bereits Reismilch, Sojamilch und Mandelmilch. Aber auch Produkte, in denen Milchbestandteile sind, gelten als laktosehaltig – zum Beispiel Schokolade.[45]

---

[44] vgl. http://www.netdoktor.at/krankheit/laktoseintoleranz-8073
[45] vgl. ebenda

Vorsicht ist vor allem bei der „versteckten Laktose" geboten. In vielen Lebensmitteln wird der Milchzucker als Träger-, Füll- oder Bindemittel verwendet – zum Beispiel bei Wurstwaren. Medikamente enthalten zudem auch Laktose, deshalb unbedingt die Packungsbeilage lesen.

Lebensmittelliste

Beschreibung:	3 Sterne	frei	Laktosefrei
	2 Sterne	wenig	unter 1g Laktose / 100 g
	1 Stern	mittel	1 - 4,5g Laktose / 100g
	0 Sterne	viel	über 4,5g Laktose / 100g

Lebensmittel	Sterne
Brot	***
Dinkel	***
Ei	***
Essig-Ölmarinade	***
Fisch natur	***
Fleisch	***
Fruchtsirup	***
Gemüse natur	***
Gemüsesäfte	***
Gerste	***
Getreide	***
Hafer	***
Hafermilch	***
Hirse	***
Honig	***
Kaffee schwarz	***
Kakaopulver	***
Kartoffeln	***
Kokosmilch	***
Krustentiere	***
Marmeladen	***
Meerestiere	***
milchfreie Margarine	***
Minus L Milch	***

Lebensmittel	Sterne
Nüsse	***
Obst	***
Obstsäfte	***
Pflanzenöle	***
Polenta	***
Reis	***
Reismilch	***
Roastbeef	***
Roggen	***
Schinken	***
Sojaeis	***
Sojajoghurt	***
Sojamilch	***
Sojamilchdessert	***
Tee	***
Teigwaren	***
Tofu	***
Vegetarische Suppenwürfel	***
Weizen	***
Wurstwaren	***
Zucker	***
Zwieback	***
Alpenkäse	**
Bauernkäse	**
Bergkäse	**
Butter	**
Butterschmalz	**
Camembert	**
Cheddar	**

Lebensmittel	Sterne
Chesterkäse	**
Edamer	**
Emmentaler	**
Fetakäse	**
Gorgonzola	**
Hartkäsesorten	**
Inntaler	**
Mozzarella	**
Parmesan	**
Pizzakäse	**
Rahmbrie	**
Ricottakäse	**
Schafkäse	**
Schnittkäsesorten	**
Tilsiter	**
Acidophilusmilch	*
Buttermilch	*
Creme fraichè	*
Frischkäse	*
Fruchtjoghurt	*
Hüttenkäse	*
Joghurt	*
Kaffeesahne	*
Kefir	*
Nuss-Nougatcreme	*
Sauermilch	*
Sauerrahm	*
Schlagobers	*
Topfen	*

Lebensmittel	Sterne
Cremelikör	0
Cremespinat	0
Eiscreme	0
Fertigkartoffelpüree	0
Fertigknödeln	0
Fertigsuppen	0
Fleischaufstriche	0
Grillsaucen	0
Instantkakao	0
Instantsoßen	0
Kondensmilch	0
Kuchen	0
Kuhmilch	0
Magermilch	0
Magermilchpulver	0
Margarine	0
Mayonnaise	0
Milchbrote	0
Milchreis	0
Milchschokolade	0
Milchspeiseeis	0
Molke	0
Molkenpulver	0
Pudding	0
Rahmgemüse	0
Salatsaucen	0
Schafsmilch	0
Stutenmilch	0
süße Aufläufe	0

Lebensmittel	Sterne
Tiefkühlgerichte	0
Toastbrot	0
Trinkkakao	0
Vollmilch	0
Vollmilchpulver	0
Waffeln	0
Wurstaufstriche	0
Ziegenmilch	0

Tabelle 3: Lebensmittelliste Laktose

4.8.1 Woran erkenne ich laktosefreie Produkte?

Mittlerweile wird auf den meisten Lebensmitteln schon gut sichtbar angezeigt, ob diese laktosefrei sind oder nicht. Ansonsten anhand der Zutatenliste entnehmen. Folgende Zutaten weißen auf Laktose hin:

- Milchzucker
- Laktose
- Molke, Molkepulver
- Butter
- Buttermilch
- Sauermilch
- Joghurt
- Käse
- Milch, Milchpulver

- Magermilch, Magermilchpulver
- Mascarpone
- Topfen, Rahm[46]

4.8.2 Wo kann ich laktosefreie Produkte einkaufen?

In jedem größeren Supermarkt gibt es bereits eine Vielzahl von laktosefreien Produkten. Zum Beispiel Sojamilch, Sojajoghurt aber auch laktosefreie Milchprodukte. Diese sind meist gut gekennzeichnet. Ansonsten gibt es auch viele Onlineshops, die speziell auf die bestimmte Unverträglichkeit, Produkte anbieten.

---

[46]vgl. http://www.frulakco.at/diverses/FrulakcoLaktose.pdf

5 Histamin

5.1 Was ist eine Histaminintoleranz?

Die Histaminunverträglichkeit ist eine Nahrungsmittelunverträglichkeit. Die Ursache beruht auf einem Mangel des histaminabbauendem Enzyms Diaminoxidase (DAO) und einem Missverhältnis zwischen Histamin und DAO oder einer Abbaustörung des zweiten Enzyms. Dadurch kommt es zu vielfältigen Symptomen einer Histaminunverträglichkeit, welche zwar den Allergien ähnelt, allerdings spielt das Immunsystem dabei keine Rolle. Somit wird Histamin im Körper nicht ausreichend abgebaut und es kommt zu Beschwerden.[47]

Histamin hat die Funktion, dass es für die Abwehr körperfremder Stoffe verantwortlich ist.

„Histamin ist beteiligt an vielen weiteren Funktonen:

- *Zügelung des Appetits*
- *Schlagkraft und Schlagfrequenz des Herzens*
- *Regulation des Schlaf-Wach-Rhythmus*
- *bei der Auslösung von Erbrechen beteiligt*

---

[47]vgl. http://dr-neidert.de/index.php/texte/391-histamin-in-nahrungsmitteln

- *Neurotransmitter des Gehirns*
- *Beteiligung an der Regulation der Körpertemperatur, des Blutdrucks sowie der Schmerzempfindung*
- *Regulierung des Hormonhaushaltes*
- *beteiligt an der Magensäureproduktion und weiteren Funktionen des Magen-Darmtraktes"*[48]

5.2 Die Ursache

Die Histaminintoleranz ist genetisch bedingt und nicht angeboren. Deshalb wird die Histaminintoleranz erst im Laufe des Lebens erworben. Auch bei Fehl- und Überreaktionen des Immunsystems und bei allergischen Reaktionen wird Histamin freigesetzt. Dies ist verantwortlich für die Symptome bei Allergien und Asthma.

Da die erkrankten Patienten überwiegend der Altersgruppe um die 40 Jahre angehören und überwiegend weiblich sind (ca. 80 %), wird ein Zusammenhang mit der Abnahme von weiblichen Geschlechtshormonen zugrunde gelegt.[49]

---

[48] http://dr-neidert.de/index.php/texte/391-histamin-in-nahrungsmitteln
[49] vgl. http://www.kochen-ohne.de/histaminintoleranz/histamin-intoleranz.php#ursachen

Kurzfristige Histaminausschüttung kann ausgelöst werden durch:

- plötzlich auftretenden, emotionalen Stress
- körperlicher Anstrengung
- Infektionskrankheiten
- Hormonschwankungen
- durch die Einnahme von Medikamenten

Eine Histaminunverträglichkeit kann entweder durch histaminhaltige Nahrungsmittel ausgelöst werden oder durch Lebensmittel, welche Histamine im Körper freisetzen oder das Enzym DAO blockieren.[50]

5.3 Wie viele Menschen sind davon betroffen?

Europaweit sind mindestens 1-2 % der Bevölkerung betroffen, wobei 80 % der Betroffenen Frauen sind. In Österreich sind ca. 100.000 Menschen an der Intoleranz erkrankt.[51]

---

[50]vgl. http://dr-neidert.de/index.php/texte/391-histamin-in-nahrungsmitteln
[51]vgl. http://www.netdoktor.at/krankheit/histaminintoleranz-8108

5.4   Symptome und Folgen

Bei der Histaminintoleranz treten verschiedene, zahlreiche Symptome wie Husten, rinnende Nase, Verdauungsbeschwerden, Kopfschmerzen und Hautausschläge auf. Oft wird die Histaminintoleranz gar nicht oder erst spät erkannt. Dadurch kann es zu falschen Diagnosen wie einer Reizdarmerkrankung oder Asthma kommen. Treten insbesondere nach dem Essen eine oder mehrere dieser Symptome auf, ist es ratsam, sich auf eine Nahrungsmittelunverträglichkeit bei einem Arzt testen zu lassen. Der Arzt kann mittels eines Bluttests relativ rasch feststellen, ob es sich um eine Histaminintoleranz handelt oder ob bei den Beschwerden andere Ursachen vorliegen.[52]

"Zu den häufigsten Symptomen zählen:

- *Müdigkeit nach dem Essen*
- *Bauchschmerzen und Magenkrämpfe*
- *starke Blähungen*
- *Übelkeit*
- *Völlegefühl und Sodbrennen*
- *erhöhte Stuhlfrequenz*
- *Brechreiz und Erbrechen*
- *Durchfall"[53]*

---

[52]vgl. http://www.netdoktor.at/krankheit/histaminintoleranz-8108
[53] ebenda

5.4.1 Verdauungsbeschwerden

Die meist auftretenden Beschwerden einer Histaminintoleranz betreffen den Magen-Darm-Trakt. Diese Beschwerden können unmittelbar nach dem Verzehr histaminhaltiger Speisen auftreten, sowie erst nach einiger Zeit.

5.4.2 Kopfschmerzen und Migräne

Durch die Einnahme von Histamin wird bei 24 von 25 Patienten ein Migräneanfall ausgelöst. Man nimmt an, dass viele Migräne-Patienten nicht mehr unter Kopfschmerzen leiden, wenn sie eine histaminfreie Diät einhalten würden. Alkoholische Getränke, insbesondere Rotwein, sind oft Auslöser für histaminbedingte Kopfschmerzen.

5.4.3 Laufende Nase und Schnupfen

Bei vielen Menschen ist die laufende Nase nach dem Essen eine Gewohnheit und wird nicht als außergewöhnlich angesehen. Wenn jedoch zusätzliche andere Symptome auftreten, kann die laufende Nase jedoch die Diagnose einer Histaminintoleranz sein. Daraus kann sich weiterführend sogar ein chronischer Schnupfen entwickeln.[54]

---

[54] vgl. http://www.netdoktor.at/krankheit/histaminintoleranz-8108

5.4.4 Asthma

Bei Asthmatikern können histaminreiche Lebensmittel zur Atemnot führen. Mithilfe eines Provokationstests kann der Arzt feststellen, ob eine bronchiale Hyperreaktivität (Überempfindlichkeit) vorliegt.[55]

5.4.5 Hautausschlag und Flush

Bei der Nesselsucht (Urtikaria) wird oft vermutet, dass eine Allergie dahinter steckt. Dabei handelt es sich aber oft um eine Histaminintoleranz. Ein weiteres Anzeichen ist auch der sogenannte Flush. Darunter versteht man ein plötzlich starkes Erröten des Gesichts, begleitet von einem Hitzegefühl. Dieser sogenannte Flush kann häufig nach dem Konsum von Alkohol, insbesondere Wein und Sekt, auftreten.[56]

5.4.6 Herz-Kreislauf-Symptome

Durch den Konsum von stark histaminhaltigen Speisen kommt es zu einem chronisch niedrigen Blutdruck (Hypotonie). Dadurch kann es zu weiteren Symptomen wie Schwindel, Schweißausbrüchen und Schwächegefühl kommen. Außerdem können Herzrhythmus-Störungen ("Herzstolpern") auftreten.

---

[55] vgl. http://www.netdoktor.at/krankheit/histaminintoleranz-8108
[56] vgl. ebenda

Diese sind ebenfalls häufig nach dem Konsum von Alkohol zu bemerken.[57]

5.5   Risiken

Das permanente Weglassen aller leicht histaminhaltigen Speisen kann zu einem Nährstoff- und/oder Vitaminmangel führen. Mit frischen Lebensmitteln zubereitete Speisen sind für histaminsensible Personen tendenziell besser verträglich.

5.6   Bei welchen anderen Erkrankungen spielt Histamin eine Rolle?

5.6.1 Allergien

Das Immunsystem ist bei der Histaminintoleranz nicht am Krankheitsgeschehen direkt beteiligt. Es lassen sich keine allergenen Antikörper nachweisen. Bei allergischen Reaktionen wird Histamin jedoch in großen Mengen ausgeschüttet. Deshalb sind die Symptome einer Allergie und einer Histaminintoleranz ähnlich. Histaminintoleranz wird auch als "Pseudoallergie" bezeichnet. Bei Personen, die an Allergien als auch an Histaminintoleranz leiden, sind die Symptome schwerer unter Kontrolle zu bringen, da bei einer Allergie zu viel Histamin produziert wird und

---

[57] vgl. http://www.netdoktor.at/krankheit/histaminintoleranz-8108

der Körper es aufgrund der Diaminoxidase-Produktion nicht ausreichend abbauen kann.

5.6.2 Reise- und Seekrankheit

Ursache dafür ist der sogenannte optokinetische Reiz. Dabei gibt es einen Informationsaustausch zwischen Auge und Gehirn, der den Körper verwirrt und dies zu Übelkeit und Erbrechen führt, obwohl der Magen bei diesem Krankheitsverlauf keine Rolle spielt. Bei der Seekrankheit wird dabei eine große Menge an Histamin ausgeschüttet. Dadurch wird viel Vitamin C verbraucht, welches beim Abbau von Histamin, insbesondere im Gehirn, eine wichtige Rolle spielt. Wenn man das Histamin durch verschiedene Medikamente gegen Reisekrankheit unterdrückt, kann man den Symptomen entgegenwirken. Wirksam ist auch die Einnahme von Kau- bzw. Lutschtabletten mit Vitamin C. Wenn dies über die Mundschleimhaut aufgenommen wird, gelangt es in ausreichender Menge ins Gehirn. Man sollte vor oder während einer Auto- oder Schifffahrt keine histaminhaltigen Speisen zu sich nehmen.[58]

5.6.3 Neurodermitis

Neurodermitis ist eine nicht ansteckende, chronische Hauterkrankung, die meist schon im Säuglingsalter oder im frühen Kin-

---

[58] vgl. http://www.netdoktor.at/krankheit/histaminintoleranz-8108

desalter beginnt. Betroffene Personen leiden unter einem starken Juckreiz, der schubweise auftritt. Dies kann sich verschlechtern, wenn man Histamin zu sich nimmt. Durch eine histaminfreie Diät kann man daher bewirken, die Symptome einer Neurodermitis zu reduzieren.

5.6.4 Parodontitis

Parodontitis ist eine Erkrankung des Zahnhalteapparates, die sich aufgrund einer Zahnfleisch-Entzündung entwickelt. Die Bakterien produzieren Histamin, deshalb können bei einer Parodontitis stark erhöhte Histaminwerte im Blut gefunden werden.[59]

5.7   Diagnose

Eine genaue Analyse der Ernährungsgewohnheiten sowie das zeitliche Zusammentreffen von Symptomen der Histamin-Unverträglichkeit sind hier ausschlaggebend.

Folgende Labortests werden angewandt:
- Bestimmung der Diaminoxidase – Aktivität
- Histamin-Stimulations-Test
- Vitamin B 6 im Blut
- Histaminspiegel im Blut
- Methylhistamin im Harn

---

[59] vgl. http://www.netdoktor.at/krankheit/histaminintoleranz-8108

Die Eliminations-Diät ist allerdings der sicherste Beweis einer Histaminunverträglichkeit. Dabei muss der Patient für zwei bis vier Wochen eine histaminarme Diät einhalten. Der Körper wird einem Belastungstest ausgesetzt. Wenn sich das Krankheitsbild unter der histaminarmen Diät deutlich bessert und es bei dem Belastungstest zur Verschlechterung kommt, hat sich die diagnostische Aussagekraft betreffend der Histaminunverträglichkeit bestätigt.[60]

5.8 Behandlung

5.8.1 Akute Hilfe durch Antihistaminika

Bei akuten lebensbedrohlichen Fällen, wie dem anaphylaktischen Schock, müssen schnell wirkende Antihistaminika durch den Arzt verordnet werden.[61]

5.8.2 Langfristige Behandlung mit einer histaminarmen Diät

Bei der längerfristigen Behandlung sollte auf jeden Fall eine histaminfreie bzw. histaminarme Diät eingehalten werden. Dabei ist bei der Ernährungsumstellung die Eliminationsdiät über einen

---

[60] vgl. http://dr-neidert.de/index.php/texte/391-histamin-in-nahrungsmitteln
[61] vgl. http://www.kochen-ohne.de/histaminintoleranz/histamin-intoleranz.php#ursachen

Zeitraum von fünf Wochen bis zu drei Monaten einzuhalten. Während dieser Zeit ist die Zufuhr von histaminreichen und histamin-freisetzenden Lebensmitteln zu meiden.

5.8.3 Enzym Diaminoxidase als Nahrungsergänzungspräparat

Durch die Einnahme von DAO-haltigen Kapseln wird die fehlende Diaminoxidase substituiert. Dieses Medikament ist auf dem Markt erhältlich und heißt DAOsin.

5.8.4 Einnahme von Vitamin C

Durch die Einnahme von hochdosiertem Vitamin C wird der Histaminabbau im Körper begünstigt, welcher sich positiv auf das Histamingleichgewicht auswirkt. Die empfohlene Tagesdosis liegt bei 0,5 bis 1,0 Gramm. Die Verabreichung kann in einigen Fällen sinnvoll sein.[62]

5.8.5 Einnahme von Vitamin B6

Die Einnahme von hochdosiertem Vitamin B6 kann in einigen Fällen zu befürworten sein, da Vitamin B6 wichtig für Synthese der DAO im Darm ist. Dies ist jedoch nur dann sinnvoll, wenn ein

---

[62] vgl. http://www.kochen-ohne.de/histaminintoleranz/histamin-intoleranz.php#ursachen

Mangel von Vitamin B_6 nachgewiesen wird. Die empfohlene Tagesdosis beträgt 1,2 Milligramm.[63]

5.9 Ernährung

Grundvoraussetzung ist die Vermeidung von histaminhaltigen Speisen und Getränken. Der Histamingehalt steigt mit zunehmender Reifung oder Gärung der Nahrungsmittel. Daher ist es wichtig, Lebensmittel möglichst frisch zu verzehren.

Einige Tipps für histaminreiche Ernährung:

- Lebensmittel sollten so frisch wie möglich gegessen werden, je länger es lagert, umso mehr ist es mit Histaminen belastet. Wiederholt aufgewärmte Speisen können daher zu Unverträglichkeiten führen.

- Da Histamin hitze- und kältestabil ist, wird es nicht durch backen, braten, kochen oder tiefkühlen zerstört.

- In Flüssigkeiten wird Histamin besser aufgenommen, deshalb sind histaminhaltige Getränke besonders schädlich. Bier oder Wein zum Essen ist daher zu meiden.

- Selbst zubereitete Speisen ohne Zusatzstoffe sind am besten verträglich.

---

[63] vgl. http://www.kochen-ohne.de/histaminintoleranz/histamin-intoleranz.php#ursachen

- Speisen und Getränke sollten nicht zu warm zu sich genommen werden, da dies zu einer Ausschüttung der Mastzellen und damit zu Symptomen führen kann.

Es gibt Aufzählungen von Lebensmitteln, die als geeignet oder ungeeignet gelten. Doch jeder Patient muss selbst testen, welche Lebensmittel er verträgt und welche nicht. Das kann jedoch von Tag zu Tag unterschiedlich sein. Ein Grund dafür ist, ob bereits histaminhaltige Nahrungsmittel zu sich genommen wurden oder nicht.[64]

---

[64] vgl. http://www.kochen-ohne.de/histaminintoleranz/histamin-intoleranz.php#ursachen

Lebensmittelliste

Beschreibung:	3 Sterne	Gut verträglich
	2 Sterne	Geringfügige Symptome
	1 Stern	Unverträglich, deutliche Symptome
	0 Sterne	Sehr schlecht verträglich, heftige Symptome

Lebensmittel	Sterne
Adlerfisch	***
Ahornsirup	***
Alaska-Seelachs	***
Alkoholessig	***
Apfel	***
Aprikose	***
Artischocke	***
Basilikum	***
Blumenkohl	***
Bohnenkraut	***
Branntweinessig	***
Brokkoli	***
Brombeeren	***
Butter	***
Butterkäse	***
Chicorée	***
Chinakohl	***
Cornflakes	***
Cranberry	***
Cranberry Nektar	***
Datteln getrocknet	***
Dinkel	***
Dorade	***
Dorsch	***

Lebensmittel	Sterne
Eigelb, Eidotter	***
Eisbergsalat	***
Eisenkrauttee	***
Endiviensalat	***
Essigersatz	***
Esskastanien	***
Faschiertes frisch	***
Fenchel	***
Frischkäse	***
Fruchtzucker	***
Geheimratskäse	***
Gemüsesäfte	***
Glattbutt	***
Gouda, jung	***
Granatapfel	***
grüne Bohnen	***
Hafer	***
Hanfsamen	***
Hefefreies Brot	***
Heidelbeeren	***
Heilbutt	***
Hirse	***
H-Milch	***
Honig	***
Hühnerfleisch frisch	***
Johannisbeere	***
Kabeljau	***
Kalbfleisch frisch	***
Kalbszunge	***

Lebensmittel	Sterne
Karamell	***
Karotten	***
Kartoffel	***
Kirschen	***
Kohlsorten	***
Kokosnuss	***
Kürbisse	***
Leitungswasser	***
Lengfisch	***
Lindenblütentee	***
Litschi	***
Mais	***
Malzzucker	***
Margarine	***
Mascarpone	***
Melonen	***
Milch, pasteurisiert	***
Milchzucker	***
Mineralwasser o. KS	***
Mozzarella	***
Nektarinen	***
Olivenöl	***
Oregano	***
Paprika	***
Paprikapulver	***
Pektin	***
Petersfisch	***
Petersilie	***
Pfefferminze	***

Lebensmittel	Sterne
Pfefferminztee	***
Pfirsich	***
Preiselbeere	***
Putenfleisch frisch	***
Quinoa	***
Quark/ Topfen	***
Radieschen	***
Rapsöl	***
Reis	***
Reisnudeln	***
Reiswaffel	***
Rettich	***
Rice Crispies	***
Ricotta	***
Rindfleisch, frisch	***
Rindszunge	***
Rochen	***
Roggen	***
Rosinen	***
Rosmarin	***
Rotbarsch	***
Rote Beete	***
Rotkohl	***
Sahne, Süßrahm frisch	***
Salatgurke	***
Salbei	***
Salbeitee	***
Sauerkirsche	***
Schellfisch	***

Lebensmittel	Sterne
Scholle	***
Seehecht	***
Seeteufel	***
Seezunge	***
Sellerie	***
Spargel	***
Stärke	***
Steinbeißer	***
Steinbutt	***
Vanillin	***
Wachteleier	***
Wassermelonen	***
Weinessig	***
Weintrauben	***
Weißkohl	***
Zimt	***
Zucchini	***
Zucker	***
Apfelessig	**
Backpulver	**
Brennnesseltee	**
Brot, Backwaren	**
Buttermilch	**
Cashewnüsse	**
Champignons	**
Coca Cola	**
Curcuma	**
Dill	**
Espresso	**

Lebensmittel	Sterne
Feigen getrocknet	**
Feta Käse	**
Gartenerbse	**
Gelatine	**
Gerste	**
Getreide	**
Grüntee	**
Hafer-Drink	**
Hagebutte	**
Haselnuss	**
Hefe	**
Heilquellenwasser mit Schwefel	**
Ingwer	**
Kaffee	**
Kakaobutter	**
Knoblauch	**
Kohlrabi	**
Kräutermischungen	**
künstliche Süßstoffe	**
Lauch	**
Limonade	**
Malz	**
Mandeln	**
Mango	**
Mangold	**
Marzipan	**
Mate Tee	**
Meerrettich	**
Milch, laktosefrei	**

Lebensmittel	Sterne
Milchpulver	**
Mineralwasser mit KS	**
Mohnsamen	**
Muskatnuss	**
Naturjoghurt	**
Pflaumen-Arten	**
Porree	**
Reismilch	**
Rhabarber	**
Rohmilch	**
Rohmilchkäse	**
Rosenkohl	**
Sauerrahm	**
Schnittlauch	**
Schweinefleisch frisch	**
Sesam	**
Sonnenblumenöl	**
Spalterbse	**
Vanille	**
Vanillepulver	**
Vanilleschoten	**
Vanillezucker	**
Wein, histaminfrei	**
weiße Schokolade	**
Zuckererbse	**
Zwiebel	**
Ananas	*
Austern	*
Baumnussöl	*

Lebensmittel	Sterne
Bier	*
Bohnen	*
Bouillon	*
Brühwürfel	*
Buchweizen	*
Cheddar Käse	*
Chili rot frisch	*
Chinin	*
Crevette	*
Curry	*
Eiklar, Eiweiß	*
Energy-Drink	*
Erdnüsse	*
Essiggurken	*
Fleischextrakt	*
Folsäure	*
Fontina Käse	*
Garnelen	*
Gouda gereift	*
Grapefruit	*
Guave	*
Hefeextrakt	*
Heiße Schokolade	*
Hummer	*
in Essig eingelegtes Gemüse	*
Innereien	*
Iod	*
Käsesorten aus Rohmilch	*
Kleesorten	*

Lebensmittel	Sterne
Krabben	*
Krebse	*
Lakritze	*
Langusten	*
Linsen	*
Mandarine	*
Meeresfrüchte	*
Morcheln	*
Muscheln	*
Oliven	*
Orangensaft	*
Papaya	*
Paprikapulver scharf	*
Pfeffer	*
Pilze	*
Raclette Käse	*
Roquefort Käse	*
Rucola	*
Rum	*
Schilcherwein	*
Schmelzkäse	*
Schnäpse farblos	*
Schwarztee	*
Senf, Senfkörner	*
Soja	*
Sojamilch	*
Sonnenblumenkerne	*
Süßholz	*
Tofu	*

Lebensmittel	Sterne
Tomatensaft	*
Walnussöl	*
Weinbrand	*
Weißwein	*
Weizenkeime	*
Würze	*
Aal	0
Aubergine	0
Avocado	0
Balsamico Essig	0
Bananen	0
Birnen	0
Champagner	0
Chips	0
Erdbeeren	0
Ethanol	0
Fenchel	0
Flussbarsch	0
Forelle	0
geräuchertes Fleisch	0
Goldbarsch	0
Hartkäse lang gereift	0
Hecht	0
Hering	0
Kakaogetränk	0
Karpfen	0
Kichererbsen	0
Kiwi	0
Lachs	0

Lebensmittel	Sterne
Limette	0
Makrele	0
Nüsse	0
Orangen	0
Pangasius	0
Rohschinken	0
rote Trauben	0
Rotwein	0
Rotweinessig	0
Salami	0
Sardelle	0
Sardine	0
Sauerkraut	0
Schinken	0
Schleie	0
Schnäpse, nicht farblos	0
Schokolade	0
Sekt	0
Sojabohnen	0
Sojasauce	0
Spinat	0
Süßigkeiten	0
Tilapia	0
Tomate	0
Trockenfleisch	0
Tunfisch	0
Weißweinessig	0
Weizen	0
Wels	0

Lebensmittel	Sterne
Wurstwaren	0
Zander	0
Zitronen	0
Zwetschgen	0

65Tabelle 4: Lebensmittelliste Histamin

5.9.1 Woran erkenne ich histaminfreie Produkte

Je länger ein Nahrungsmittel reift, liegt, eingefroren, vergoren etc. wird, desto höher ist sein Histamingehalt. Je frischer desto besser, vor allem Obst und Gemüse, Milchprodukte, Fleisch und fangfrischer Fisch. Leider gibt es aber auch hier noch Ausnahmen von der Regel, denn einige Lebensmittel wie Bananen, Birnen, Orangen und Kiwis enthalten bereits im frischen Zustand relativ viel Histamin.[66]

5.9.2 Medikamente

Durch die Einnahme von Medikamenten kann es zu histaminspezifischen Symptomen kommen. Zu den Medikamenten, die das Enzym Diaminoxidase hemmen oder bei Allergikern die Histaminfreisetzung steigern können, zählen zahlreiche Präparate und Schmerzmittel. Diese werden gegen Husten oder Bronchitis

---

[65]vgl. http://www.histaminintoleranz.ch/download/SIGHI-Lebensmittelliste_HIT.pdf
[66]vgl. http://www.mitohnekochen.com/histamin/histaminintoleranz/

verabreicht oder können auch beim Zahnarzt bzw. bei Operationen angewendet werden:

- Acetylcystein (z.B. Aeromuc, Pulmovent)
- Acetylsalicylsäure (Aspirin)
- Ambroxol (z.B. Ambrobene, Mucosolvan)
- Amitriptylin (z.B. Saroten, Limbritol)
- Diclofenac (z.B. Dedolor, Voltaren)
- Ibuprofen (z.B. Dismenol, Nurofen)
- Kontrastmittel bei Röntgenuntersuchungen
- Mefenaminsäure (Parkemed)
- Metamizol (Novalgin)

Patienten, welche mit diesen Medikamenten behandelt werden, sollten bei Nebenwirkungen sofort Rücksprache mit ihrem Arzt halten. Wenn bei diesen Patienten bereits eine Histaminintoleranz vorliegt, sollte dies bei der Verschreibung von Medikamenten und vor einer Operation immer bekannt gegeben werden. Meist kann auf andere Präparate zurückgegriffen werden.[67]

---

[67]vgl. http://www.netdoktor.at/krankheit/histaminintoleranz-8108

5.9.3 Rauchen

Ebenfalls ist Tabakrauch im Körper für die Histaminausschüttung verantwortlich. Das kann auch eine Erklärung dafür sein, warum Kinder von rauchenden Eltern häufiger an Asthma erkranken. Bei Rauchern mit Histaminintoleranz-Symptomen kann die Umstellung der Ernährung nur mit zeitgleich stattfindendem Rauchstopp Erfolg bringen.[68]

5.10 Prognose

Personen, die unter Histaminintoleranz leiden, haben diese zumeist ein Leben lang. Durch eine Umstellung und Anpassung der Ernährung lassen sich die Symptome jedoch weitgehend reduzieren. Dadurch ist die Lebensqualität nicht wesentlich beeinträchtigt. Liegt jedoch zugleich eine Lebensmittelunverträglichkeit, wie Fructoseintoleranz, Laktoseintoleranz, Glutenintoleranz oder Allergien vor, sollte die Behandlung der Histaminintoleranz von einem Spezialisten überwacht werden.[69]

---

[68]vgl. http://www.netdoktor.at/krankheit/histaminintoleranz-8108
[69] vgl. ebenda

6 Zöliakie

6.1 Was ist eine Glutenunverträglichkeit bzw. Zöliakie?

Viele Menschen sind der Meinung, dass eine Glutenunverträglichkeit gleichzusetzen mit einer Zöliakie ist, was jedoch grundlegend falsch ist. Eine Zöliakie ist eine Form zwischen Autoimmunkrankheit und Allergie, da das Immunsystem Gluten als Feind ansieht und dadurch Antikörper produziert – eine normale allergische Reaktion. Bei der Glutenunverträglichkeit treten ähnliche Komplikationen wie bei der Zöliakie auf, aber im Gegensatz dazu lassen sich keine Antikörper nachweisen, was wiederum eine Folgeerscheinung von übermäßigem Alkoholkonsum, Stress oder Übergewicht sein kann.

Bereits im Jahre 1888 war es der englische Arzt Samuel Glee der Beschwerden wie Durchfall oder Übelkeit genauer untersuchte und formulierte. Im Jahre 1950 erfand Willem Karel Dicke aus Holland die glutenfreie Diät und erforschte deren Entfaltung.[70]

---

[70] vgl. GU Ratgeber Gesundheit - „Zöliakie - Das erfolgreiche Behandlungskonzept bei Glutenunverträglichkeit", 1. Auflage 2012, Gräfe und Unzer Verlag GmbH, Seite 8 ff.

Hervorgerufen durch den Stoff Gluten (= Klebereiweiß) ist eine Zöliakie eine krankhafte Reaktion des Körpers. Unsere Nahrung gelangt über den Organismus zur Vorverdauung vom Magen in den Dünndarm. Durch das Hinzufügen von Verdauungsenzymen der Galle, Bauchspeicheldrüse und des Magens werden die Nährstoffe so aufgeteilt, dass unser Körper diese Bestandteile über die Schleimhaut im Dünndarm aufnehmen kann. Erst danach gelangen die Nährstoffe über die Blutbahn in die Zellen. Die Dünndarmschleimhaut verfügt über zahlreiche Erhebungen, die sogenannten Darmzotten und dessen Oberfläche ist mit winzigen Mikrovilli versehen.[71]

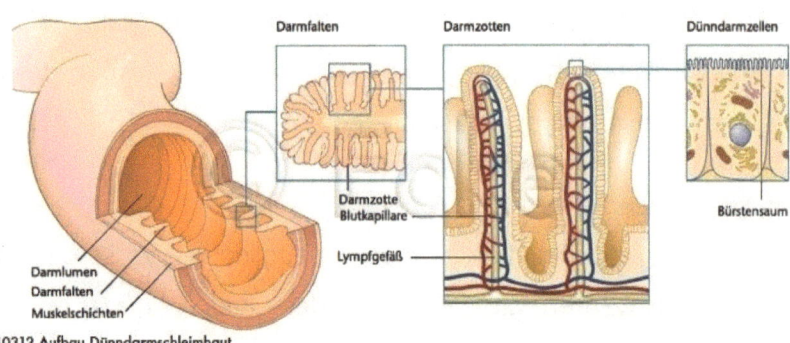

Abbildung 4: Aufbau Dünndarm, Darmzotten & Dünndarmzellen (Mikrovilli)72

---

[71] vgl. GU Ratgeber Gesundheit - „Zöliakie - Das erfolgreiche Behandlungskonzept bei Glutenunverträglichkeit", 1. Auflage 2012, Gräfe und Unzer Verlag GmbH, Seite 8 ff
[72]http://www.julius-ecke.de/bilder/Anatomie/40_Innere-Organe/Duenndarm.jpg

In unserem Darm werden über 70 % der Immunzellen unseres Körpers gebildet und er ist somit das wichtigste Immunorgan. Da aber auch Nahrung für den Körper einen Fremdstoff darstellt, muss der Körper diesen erst akzeptieren und so spricht man von einer oralen Toleranz. Bei der Zöliakie existiert diese Toleranz nicht und so kann der Körper die aufgenommene Nahrung nicht richtig verwerten. Ein weiterer wichtiger Helfer für unser Immunsystem ist die Darmflora (= Bakterien). Diese dort angesiedelten Bakterien haben direkten Einfluss auf die Immunzellen und können zum Beispiel dauerhafte, entzündliche Darmerkrankungen unterdrücken, womit es auch den Keimen nicht gelingt sich zu vermehren. Weiteres ist die Darmflora für die natürliche Darmbewegung (Peristaltik) zuständig, welche den Weitertransport der bereits zersetzten Nahrung fördert und so das Risiko einer Verstopfung verringert. [73]

Bei Personen mit Verdacht auf Zöliakie entzündet sich die Darmschleimhaut bei einer Aufnahme von Gluten, weshalb auch die dort ansässigen Zellen sehr schnell absterben. Aus diesem Grund werden zunächst neue Zellen gebildet. Sollten jedoch mehr Zellen absterben als neu gebildet werden, können sich die

---

[73]vgl. GU Ratgeber Gesundheit - „Zöliakie - Das erfolgreiche Behandlungskonzept bei Glutenunverträglichkeit", 1. Auflage 2012, Gräfe und Unzer Verlag GmbH, Seite 8 ff.

Zotten nicht mehr aufstellen und flachen ab. Die Zellen produzieren Antikörper, aber auch Entzündungsstoffe, welche die Schleimhaut schädigen.

Was sich zuerst nur auf den oberen Bereich des Dünndarms auswirkt, kann sich bei fortlaufender Zeit auch auf die unteren Darmregionen auswirken und beträchtliche, gesundheitliche Schäden mit sich ziehen, da eine Reduzierung der Darmoberfläche eine Aufnahme der Nährstoffe nicht mehr ermöglicht. Sollten diese Nährstoffe einfach wieder ausgeschieden werden, gelten diese für den Organismus als verloren und es entsteht ein Nährstoffdefizit, sowie Beschwerden verschiedener Art (Blähungen, Durchfall).[74]

6.2   Wie viele Menschen sind davon betroffen?

Mittlerweile ist schon ca. 1 % der EU-Gesellschaft (rund 5 Millionen Personen) davon betroffen. Die Entstehung einer Zöliakie hängt meist von genetischen Komponenten ab, welche circa 98 Prozent der Betroffenen in sich tragen, was aber nicht automatisch heißt, dass jeder auch tatsächlich eine Zöliakie entwickelt. Schätzungen zu Folge entwickeln circa 1 - 2% der Betroffenen

---

[74]vgl. GU Ratgeber Gesundheit - „Zöliakie - Das erfolgreiche Behandlungskonzept bei Glutenunverträglichkeit", 1. Auflage 2012, Gräfe und Unzer Verlag GmbH, Seite 8 ff

auch tatsächlich eine Zöliakie. Die restlichen Betroffenen leiden an einer Glutenunverträglichkeit. Maßgebend dafür ist eine ausgeglichene Nahrung, beginnend im Kindesalter.[75]

6.3   Symptome und Folgen

Die Symptome und Folgen der Zöliakie können unterschiedlicher nicht sein. Die Symptome einer klassischen Zöliakie äußern sich durch Bauchschmerzen, Übelkeit, Blähungen, Durchfall, Erbrechen bis hin zum Gewichtsverlust. Es existieren aber auch noch andere Verlaufsformen deren Symptome nur sehr schwer bzw. oft erst nach geraumer Zeit festgestellt werden können. Bei Knieproblemen werden zum Beispiel unterschiedliche Spezialisten aufgesucht und es wird von jedem eine andere Diagnose gestellt. So ist das auch bei der Zöliakie. Falsche Diagnose und Behandlungen beeinträchtigen das leibliche Wohl eines Jeden und man findet sich in den verschiedensten Wartezimmern wieder.

---

[75] vgl. Univ.-Doz. Dr. med. Maximilian Ledochowski - „Wenn Brot & Getreide krank machen", 1. Auflage 2011, TRIAS Verlag in MVS Medizinverlage Stuttgart GmbH & Co. KG, Seite 55

6.4 Arten der Intoleranz

Grundsätzlich kann zwischen der oligo- und monosymptomatischen, asymptomatischen, atypischen sowie latenten Form der Zöliakie unterschieden werden. Bei der oligo- und monosymptomatischen Form treten nur wenige bis gar keine Symptome auf.

6.4.1 Asymptomatischen Form

Bei der asymptomatischen Form wird man auf Anhieb keine großen Beschwerden feststellen können. Sollte man sich aber dann doch einmal eine Zeit lang glutenfrei ernähren, wird man anhand der Verbesserung des Allgemeinzustandes wesentliche Rückschlüsse in Bezug auf regelmäßigen Stuhlgang, Müdigkeit oder verminderte Leistungsfähigkeit erreichen können. Die Beschwerden der asymptomatischen Form sind dann nicht mehr ausschließlich im Dünndarm aufzufinden, sondern betreffen auch andere Bereiche des Körpers. Eine frühzeitige Erkennung dieser Form gestaltet sich als durchaus schwierig, da die Symptome nicht auf eine sofortige Erkrankung des Magen-Darm-Trakts zurückzuführen sind.

6.4.2 Latente Form

Was die latente Form betrifft kann man nur anhand eines Blutbildes die Antikörper feststellen, da keine Veränderung der Darmschleimhaut nachweisbar ist und so sollte man in regelmäßigen Abständen zum Arzt seines Vertrauens gehen, um eine

Magenspiegelung durchzuführen. Allergrößte Vorsicht ist bei Kindern geboten. Hier kommt es zu einer Gewichtsstagnation, welche in weiterer Folge auch das Wachstum beeinträchtigt. Bei Erwachsenen werden immer wieder die üblichen Beschwerden festgestellt. Bauchschmerzen, Übelkeit, Erbrechen, Durchfall, Kopfschmerzen bis hin zur Migräne, Appetitlosigkeit, verminderte Leistungs- und Konzentrationsfähigkeit oder auch Knochen- und Gelenksschmerzen sind alles Indikatoren einer möglichen Zöliakie, welche sich jedoch von Mensch zu Mensch unterscheiden. Ältere Menschen müssen besonders vorsichtig mit der Erkrankung und dessen Folgen umgehen. Sollte man diese übersehen kann es zu fatalen Folgen wie zum Beispiel zum Herzversagen oder zur möglichen Bildung von Tumoren kommen.

Durch die möglicherweise jahrelange gestörte Aufnahme von Nährstoffen führt dies auch zu einer Erschöpfung der körpereigenen Speicher von Vitaminen, Mineralien sowie Spurenelementen. Die möglichen Folgeerscheinungen können von Übermüdung und verminderter Leistungs- sowie Konzentrationsfähigkeit bis zum Knochenschwund und Blutarmut (Anämie) reichen.

6.5 Welche Nährstoffdefizite kommen häufig vor?

6.5.1 Eisenmangel

Eisen ist ein wichtiger Bestandteil bei der Sauerstoffversorgung der Zellen. Reduziert sich der Eisengehalt, können die roten Blutkörperchen (Erythrozyten) dementsprechend weniger Sauerstoff transportieren. Sollte man bereits von einer Blutarmut betroffen sein, würden sich Beschwerden wie Kopfschmerzen, Müdigkeit, verminderte Leistungsfähigkeit, Konzentrationsschwierigkeiten bis hin zur Atemnot unter Belastung bemerkbar machen.

6.5.2 Zinkmangel

Zink ist zuständig für die Bildung neuen Gewebes und ist ein unverzichtbarer Bestandteil für die Verwertung von Kohlenhydraten und Energie. Es unterstützt des Weiteren das Immunsystem zur Gegenwehr bei Infekten und Wunden. In den meisten Fällen setzt bei Betroffenen eine verzögerte Wundheilung ein, sowie eine trocken-schuppige Haut.

6.5.3 Folsäuremangel

Folsäure ist ein Vitamin (kurz B_9), welches für die Blutbildung sowie Zellteilung im Körper von wesentlicher Bedeutung ist. Kann der Körper diese Folsäure nicht mehr selbst herstellen, bleibt ihm nur noch die Möglichkeit diese über die Nahrung aufzunehmen. Ein solcher Mangel führt zur Anämie (Blutarmut) und verringert die Bildung weißer Blutkörperchen (Leukozyten). Es kann zu Stimmungsschwankungen (depressive Verstimmungen), Müdigkeit oder auch Konzentrationsstörungen kommen.

6.5.4 Selenmangel

Selen ist am Aufbau von Eiweiß und Enzymen beteiligt. Auch produziert es das Schilddrüsenhormon. Ein Mangel an Selen hat zur Folge, dass das Immunsystem stark geschwächt wird und so die Möglichkeit eines Infekts bzw. einer Erkältung um ein vielfaches höher ist. Weitere Zeichen sind brüchige Fingernägel oder Haarausfall.

6.5.5 Vitamin-B$_{12}$-Mangel

Neben Eisen und Folsäure ist das Vitamin B$_{12}$ ein wesentlicher Bauteil zur Blutbildung. Sollte man öfters ein Kribbeln in Händen und Füßen oder Gleichgewichts- bzw. Koordinationsschwierigkeiten haben, wäre dies ein Anzeichen für einen B$_{12}$-Mangel.

6.5.6 Vitamin-D-Mangel

Sei es durch UV-Strahlen oder durch Nahrung, Vitamin-D steuert unser allgemeines Wohlbefinden und ist für unseren Gesundheitszustand von großer Bedeutung. Es schützt vor Infekten, Erkältungen oder Herz-Kreislauf-Erkrankungen. Unter anderem soll es auch eine heilende Wirkung bei Krebstherapien haben. Ein dauerhafter Vitamin-D-Mangel hat einen negativen Effekt auf den Kalziumhaushalt und ist von essentieller Bedeutung für unsere Knochen. Unser Körper versucht dann das Kalzium den Knochen zu entziehen und mit fortschreitender Dauer bildet sich ein Kalzium-Mangel, welcher zu Osteoporose (Knochenschwund) führen kann. Bei regelmäßigen Gelenks-, Knochen- oder Muskelschmerzen könnte dies ein eindeutiges Zeichen für einen solchen Mangel darstellen.

Unter anderem wird Zöliakie auch häufig von weiteren Krankheiten begleitet, wie zum Beispiel einer Laktose-, Fructose- oder auch Histaminintoleranz, sowie einer Nahrungsmittelallergie. Auch kann es sich um ein Reizdarmsyndrom handeln, bei denen man mit wechselnden Stuhlgängen, Durchfällen, Blähungen oder Bauchschmerzen zu kämpfen hat und welche auf Dauer die Lebensqualität erheblich einschränken. Sollten Durchfälle trotz einer Veränderung des Essverhaltens noch immer ein täglicher Begleiter sein, spricht man von einer mikroskopischen Kolitis, welches eine Entzündung des Dickdarms darstellt. Eine weitere nicht zu unterschätzende Begleitkrankheit ist der Diabetes Typ 1. Durch die immer wieder mengenmäßig unterschiedliche Aufnahme der Nahrung (Kohlenhydrate), kann der Blutzuckerspiegel sehr stark schwanken.

Symptome bei Kleinkindern	
Wachstumsstillstand	Gewichtsverlust
Entwicklungsverzögerung	Gereiztheit
Durchfall	Weinerlichkeit
Blässe	Zahnentwicklungsstörungen
Zurückgezogenheit	Muskelschwäche
Erbrechen	
Symptome bei Kindern, Jugendlichen & Erwachsenen	
Durchfall	Verstopfung
Blähungen	Psychische Veränderungen
Müdigkeit	Erschöpfung
Kopfschmerzen	Bauchschmerzen
Gewichtsverlust	Konzentrationsstörungen
Gleichgewichtsstörungen	Blutarmut
Eisenmangel	Schwäche
Angeschlagenheit	Krankheitsgefühl

Tabelle 5: Symptome Glutenunverträglichkeit

6.6 Diagnose

Eine Zöliakie wird nicht mit einer Blutabnahme alleine diagnostiziert und es dauert meist einige Monate bis Jahre, bis man auch wirklich Zöliakie diagnostiziert bekommt und so kommen verschiedene Untersuchungsmethoden zum Einsatz. Aber vorweg soll gesagt werden, dass Untersuchungen auf eine Unverträglichkeit bzw. Zöliakie nur dann eine Aussagekraft haben, wenn der Betroffene sich über einen gewissen Zeitraum bewusst mit glutenhaltigen Nahrungsmitteln ernährt. Sollte dies nicht der Fall sein, kann ein Nachweis eventuell nicht mehr erbracht werden, da es zu einer Schleimhautveränderung kommt, Antikörper bilden sich zurück und das Dünndarmgewebe sich relativ schnell regeneriert. Aus diesem Grund sollte man erst nach den verschiedenen Untersuchungen beginnen sich glutenfrei zu ernähren.

6.6.1 Anti-Gliadin-Antikörper-Bluttest

Bei diesem Test wird das Blut auf Anti-Gliadin-Antikörper untersucht (Gliadin = Reserveprotein von Weizen). Da dieser Test als nicht sehr zuverlässig gilt, kann es vorkommen, dass Antikörper nachgewiesen werden, ohne das eine Zöliakie vorliegt bzw. der Test weist keine Antikörper nach, obwohl der Betroffene an Zöliakie leidet. Auf alle Fälle sollte man sich hier vorab bei seinem Arzt erkundigen und auf eine weitere Untersuchung (z.B. Transglutaminase-IgA-Antikörper) bestehen.

6.6.2 Transglutaminase-IgA-Antikörper-Bluttest

Hierbei handelt es sich um eine von jedem Labor routinemä-ßig durchgeführte Untersuchung, welche eine große statistische Aussagekraft über das Vorhandensein einer Zöliakie hat.

6.6.3 Stuhltest

Als Alternative zu den Bluttests werden auch in den meisten Fällen Untersuchungen des Stuhls auf Gliadin- und Transgluta-minase-Antikörper durchgeführt.

6.6.4 Dünndarmbiopsie (Gastroskopie)

Sollten einer bzw. alle der vorher aufgezählten Untersu-chungsmethoden einen positiven Befund mit sich ziehen, sollte als nächster Schritt eine Dünndarmbiopsie durchgeführt werden. Hierbei handelt sich um eine Magenspiegelung des oberen Dünndarmabschnitts (Zwölffingerdarm), wobei es hier zu einer Entnahme von Gewebeproben (in der Praxis werden circa 5 Gewebeproben an verschiedenen Stellen des Zwölffingerdarms entnommen) kommen wird. Anhand dieser Proben findet eine Untersuchung anhand der sogenannten „Marsh-Kriterien" statt, welche von Typ 0 bis Typ 3 c reichen.

- Typ 0: IEL < 40, Krypten normal, Zotten normal
- Typ 1: IEL > 40, Krypten normal, Zottel normal
- Typ 2: IEL > 40, Krypten hyperplastisch, Zotten normal
- Typ 3a: IEL > 40, Krypten hyperplastisch, Zotten leicht verkürzt
- Typ 3b: IEL > 40, Krypten hyperplastisch, Zotten stark verkürzt
- Typ 3c: IEL > 40, Krypten hyperplastisch, Zotten fehlen ganz[76]

Erläuterungen:

IEL: weiße Blutkörperchen in der obersten Deckschicht der Schleimhaut

Krypten: Schleimhautvertiefungen

Zotten: Schleimhautfalten

hyperplastisch: verlängert

---

[76]vgl. http://www.dzg-online.de/marsh-kriterien.175.0.html

Immunpathologie der Schleimhaut im oberen Dünndarm

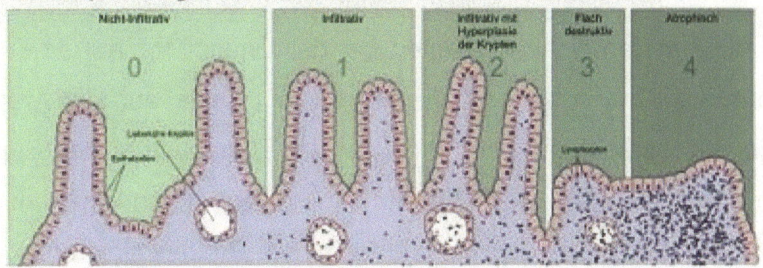

Abbildung 5: Darstellung der Veränderungen an der Darmschleimhaut entsprechend der Marsh-Klassifikation.77

6.7 Behandlung

Für Kopfschmerzen gibt es Aspirin, für einen Vitaminmangel diverse Nahrungsergänzungsmittel, für die Zöliakie jedoch gibt es aus medizinischer Sicht bis heute noch kein Medikament, welches die Krankheit besiegen kann. So besteht nur die Möglichkeit mit einer konsequenten Diät dagegenzuhalten und dadurch zur gewohnten Lebensqualität zurückzufinden. Doch eine komplette Umstellung der Ernährung ist nicht immer leicht, weshalb man auf die Unterstützung der Familie angewiesen ist sowie auch eine gehörige Portion an Selbstdisziplin dazugehört.

---

[77]http://www.dzg-online.de/marsh-kriterien.175.0.html

6.8 Ernährung

Die ersten Schwierigkeiten bei der Umstellung auf eine glutenfreie Ernährung werden jedoch nicht lange auf sich warten lassen, spätestens wenn man vor der Eingangstüre des Supermarktes steht, da sich Theorie und Praxis bekanntlich stark unterscheiden. Hier versucht jedoch das Bundesministerium für Gesundheit durch die Etikettierungsrichtlinie den Betroffenen den Griff zu den richtigen Lebensmitteln zu erleichtern. Folgende Punkte sind durch die Novelle BGBl. II Nr. 111/2005 und BGBl. II Nr. 8/2008 veröffentlicht worden:

1. Kennzeichnung von Allergenen – Hierbei müssen bestimmte, ganzheitliche Zutaten immer deklariert werden, wenn diese in Spuren in einem zusammengesetzten Lebensmittel enthalten sind. Eine genaue Aufstellung dieser Lebensmittel kann auf der Homepage des Bundesministeriums für Gesundheit abgerufen werden (www.bmg.gv.at).
2. Genauere Deklaration der Zutaten allgemein.[78]

---

[78]vgl.http://bmg.gv.at/home/Schwerpunkte/VerbraucherInnengesundheit/Lebensmittel/Lebensmittelrecht/Rechtsvorschriften_in_Oesterreich/Lebensmittelkennzeichnung

Weiteres ist per 12. Dezember 2011 das europaweite Lebensmittelkennzeichnungsrecht durch die Verordnung (EU) Nr. 1169/2011 in Kraft getreten, welches die folgenden Punkte betrifft:

1. Verpflichtende Nährwertkennzeichnung von Brennwert, Fett, gesättigte Fettsäuren, Kohlenhydrate, Zucker, Eiweiß und Salz
2. Hervorhebung von allergenen Stoffen in der Zutatenliste (z.B. durch Schriftart oder Hintergrundfarbe)
3. Verpflichtende Herkunftskennzeichnung für Frischfleisch von Schwein, Schaf, Ziege und Geflügel
4. Mindestschriftgröße 1,22 mm (für Kleinbuchstaben)
5. Kennzeichnung von Lebensmittelimitaten[79]

Ein zusätzlicher Schutz für den Verbraucher beim Einkauf stellt die durchgestrichene Ähre dar. Dies ist ein international anerkanntes Emblem, welches auf der Lebensmittelverpackung angebracht ist und somit das Lebensmittel als glutenfrei deklariert.

---

[79]vgl.http://bmg.gv.at/home/Schwerpunkte/VerbraucherInnengesundheit/Lebensmittel/Lebensmittelrecht/Rechtsvorschriften_in_Oesterreich/Lebensmittelkennzeichnung

Abbildung 6: Durchgestrichene Ähre80

Nachfolgende Tabelle soll einen Aufschluss darüber geben, welche Lebensmittel tatsächlich glutenfrei sind und bei welchen man genauer hinsehen muss, da es sich um ein Lebensmittel handelt, welches versteckte Gluten enthält.

---

80 http://blog.gekonntgekocht.de/wp-content/uploads/2013/05/glutenfrei-symbol-dzg.jpg

Lebensmittelliste:

Beschreibung:	3 Sterne	frei	Glutenfrei
	0 Sterne	viel	Enthält Gluten

Lebensmittel	Sterne
Ahornsirup	***
Amarant	***
Amarantmehl	***
Ananas	***
Apfel	***
Appenzeller	***
Artischocke	***
Aubergine	***
Aufschnitt	0
Banane	***
Bananenmehl	***
Basilikum	***
Bergkäse	***
Bier	0
Birne	***
Blumenkohl	***
Bohnen	***
Bonbons	0
Brauner Zucker	***
Brie	***
Brokkoli	***
Brot & Gebäck[1]	***
Buchweizen	***
Buchweizenbrot	0
Buchweizenmehl	***
Buchweizennudeln	0

Lebensmittel	Sterne
Bulgur	0
Butter	***
Butterkäse	***
Buttermilch	***
Camembert	***
Canihua	***
Chicken Nuggets	0
Chili	***
Chips	0
Cognac	***
Couscous	0
Creme fraichè	***
Cremespeisen	0
Currypulver	0
Dill	***
Dinkel	0
Dinkelbrot	0
Dinkelmehl	0
Dinkelschrot	0
Durum	0
Edamer	***
Eier	***
Eiernudeln	0
Einkorn	0
Eis	0
Emmentaler	***
Emmer	0
Erbsen	***
Erdbeeren	***

Lebensmittel	Sterne
Erdmandelmehl	***
Erdnüsse	***
Essig	***
Essiggurke	0
Fisch, gewürzt	0
Fisch, mariniert	0
Fisch, paniert	0
Fleisch, gewürzt	0
Fleisch, mariniert	0
Fleisch, paniert	0
Flips	0
Frischkäse	***
Früchte, getrocknet	0
Fruchtjoghurt	***
Fruchtsaft, natur	***
Frühlingszwiebel	***
Garnele, natur	***
Gelee	***
Gemüsesaft, natur	***
Gerste	0
Getränkepulver	0
Gewürzsalz	0
Gin	***
Glühwein	0
Gorgonzola	***
Gouda	***
Grapefruit	***
Graupen	0
Grissini	0

Lebensmittel	Sterne
Grünkern	0
Grünländer	***
Gyros	0
Hafer	0
Haferschrot	0
Hanfmehl	***
Hartweizennudeln	0
Haselnüsse	***
Haushaltszucker	***
Heidelbeeren	***
Heilbutt, natur	***
Hering, gebraten	0
Himbeeren	***
Hiobsträne	0
Hirse	***
Hirsebrot	0
Hirsemehl	***
Hirsenudeln	0
Honig	***
Huhn, natur	***
Hülsenfrüchte	***
Isotonische Getränke	0
Johannisbeeren	***
Kabeljau, natur	***
Kaffee	***
Kaffee, aromatisiert	0
Kaffeesahne	***
Kakaogetränk	0
Kamut	0

Lebensmittel	Sterne
Kandiszucker	***
Karotte	***
Karpfen, natur	***
Kartoffelmehl	***
Kastanienmehl	***
Kaugummi	0
Kebabfleisch	0
Kichererbsenmehl	***
Kirschen	***
Kiwi	***
Knabbereien[1]	***
Knoblauch	***
Kochbananenmehl	***
Kochkäse	0
Kokosfett	***
Kokosmehl	***
Koriander	***
Kräcker	0
Kräuter, frisch	***
Kräutermischung	0
Kuchen	0
Kümmel	***
Kürbis	***
Kürbiskerne	***
Kurkuma	***
Lachs, natur	***
Lakritze	0
Lamm, natur	***
Lebkuchen	0

Lebensmittel	Sterne
Lightprodukte	0
Likör	0
Limonaden	0
Linsen	***
Lupinenmehl	***
Mais	***
Mais	***
Maismehl	***
Majoran	***
Makrele, natur	***
Malzbier	0
Malzkaffee	0
Mandarine	***
Mandeln	***
Mango	***
Mangold	***
Margarine	***
Marmelade	***
Melone	***
Milch	***
Milchmischgetränke	0
Mineralwasser	***
Mousse	0
Mozzarella	***
Muscheln, mariniert	0
Muscheln, natur	***
Muskat	***
Müsliriegel	0
Nachos	0

Lebensmittel	Sterne
Naturjoghurt	***
Nüsse, gewürzt	0
Oliven	0
Olivenöl	***
Ölsardinen	***
Orange	***
Oregano	***
Paprikapulver	***
Parmesan	***
Petersilie	***
Pfeffer	***
Pfefferminze	***
Pfirsich	***
Pilze	***
Prosecco	***
Pudding	0
Puderzucker	***
Pute, natur	***
Quinoa	***
Quinoamehl	***
Raclette Käse	0
Radieschen	***
Rapsöl	***
Reis	***
Reismehl	***
Reisnudeln	0
Reiswaffeln	0
Rettich	***
Rindfleisch, natur	***

Lebensmittel	Sterne
Roggen	0
Roggenbrot	0
Roggenmehl	0
Roggenmischbrot	0
Roggenschrot	0
Rosenkohl	***
Rosinen	0
Rosmarin	***
Rotbarsch, natur	***
Rotkohl	***
Safran	***
Salat	***
Salatgurke	***
Salz	***
Salzbrezeln	0
Salzstangen	0
Sardine, natur	***
Sauerrahm	***
Schafskäse	***
Schlagsahne	***
Schmelzkäse	0
Schnittlauch	***
Schokolade	0
Schokolade, gefüllt	0
Scholle, natur	***
Schweinefleisch, natur	***
Sekt	***
Sellerie	***
Senf	***

Lebensmittel	Sterne
Sojabohnen	***
Sojamehl	***
Sojanudeln	0
Sojasauce	0
Sonnenblumenkerne	***
Sonnenblumenöl	***
Spareribs	0
Spargel	***
Sushi	0
Süßigkeiten[1]	***
Tee	***
Tee, aromatisiert	0
Tempuramehl	0
Tilsiter	***
Tintenfisch, natur	***
Tiramisu	0
Tofu	***
Tomate	***
Topfen	***
Topfenerzeugnisse	0
Torte	0
Trauben	***
Traubenkernmehl	***
Triticale	0
Urkorn	0
Vollkornbrot	0
Waffeln	0
Waffelschnitten	0
Walnüsse	***

Lebensmittel	Sterne
Wein	***
Weißkohl	***
Weizen	0
Weizenbrot	0
Weizengrieß	0
Weizenkeimöl	***
Weizenmehl	0
Weizenschrot	0
Wiener Schnitzel	0
Wildreis	***
Wurstwaren	0
Würzmischung	0
Ziegenkäse	***
Zitrone	***
Zwetschke	***
Zwieback	0
Zwiebel	***

Tabelle 6: Lebensmittelliste Gluten

Anmerkung: [1]Aufdruck mit Symbol der "durchgestrichenen Ähre"

Prinzipiell kann man bei einer Umstellung der Ernährung binnen weniger Tage bis Wochen eine deutliche Verbesserung erkennen. Gewisse Symptome, wie etwa der Blähbauch, können noch einige Zeit Bestand haben, da der Körper Zeit braucht, um sich zu regenerieren. Wichtig hierbei sind Geduld und Konsequenz. Nicht ungewöhnlich ist es zum Beispiel, dass Erwachsene nach der Diagnosestellung und bei Umstellung auf eine glutenfreie Nahrung zum Übergewicht neigen. Es wird versucht alle kohlenhydratreichen Nahrungsmittel zu meiden und diese werden dann meistens mit fettreicheren Alternativen ersetzt.

Trotz Umstellung der Ernährung und der damit verbundenen Verbesserung des eigenen Wohlbefindens, sollte man weiterhin zu regelmäßigen Verlaufskontrollen gehen. Der Einsatz von bestimmten Arzneimitteln und Nahrungsergänzungsmitteln können den Heilprozess unterstützen. Hierbei sollte man aber einen Spezialisten zu Rate ziehen, um die Details und Notwendigkeit zu besprechen.

7 Lebensmittelallergie

Personen welche von einer Lebensmittelallergie betroffen sind reagieren auf bestimmte Nahrungsmittel mit einer gesteigerten Reaktion des Immunsystems auf die auslösenden Inhaltsstoffe. In den meisten Fällen sind die Auslöser Milchprodukte, Nüsse, Schalentiere oder Fische. Sollten Säuglinge von Geburt an von einer Lebensmittelallergie betroffen sein, dann bildet sich diese in den meisten Fällen wieder zurück. Sollten Lebensmittelallergien erst im Erwachsenenalter auftreten, dann bleiben diese in den meisten Fällen jedoch bestehen, können aber sehr wohl ohne weiteres übergangen werden.

7.1 Was ist eine Lebensmittelallergie?

Darunter versteht man eine Überempfindlichkeit auf bestimmte Nahrungsmittel, auf deren Inhaltsstoffe (Allergene) das Immunsystem gesteigert überempfindlich reagiert. Man kann jedoch eine Lebensmittelallergie mit einer Nahrungsmittelunverträglichkeit in keinen Fall vergleichen, denn nicht jede Unverträglichkeit auf Nahrungsmittel ist gleichzusetzen mit einer allergischen Reaktion.

Bei folgenden Nahrungsmitteln kommt es sehr häufig zu einer Lebensmittelallergie:

- Milchprodukte

- Nüsse

- Eier

- Schalentiere und Fische

- Weizen[81]

„Die allergische Reaktion kann sofort (innerhalb weniger Minuten) nach dem Kontakt mit dem Allergen auftreten (Soforttyp I) oder aber erst Stunden danach (Spättyp IV). Rund 7% der Erwachsenen sind Lebensmittelallergiker, etwa 5% der Kinder unter drei Lebensjahren sind betroffen".[82]

7.2 Symptome

Wegen der unterschiedlich auslösenden Allergene sind die Symptome bei einer Lebensmittelallergie sehr verschieden. In den meisten Fällen zeigen sich Symptome wie Hautreaktionen (Rötung, Schwellung oder Ekzeme). Sehr häufig kommt es auch dazu, dass die Atemwege betroffen sind und es infolgedessen zu Schnupfen bis hin zu Asthma kommen kann. Im schlimmsten Fall kann es auch zur Schwellung der Zunge, des Gaumens und

---

[81]vgl. http://www.fitundgesund.at/krankheit/lebensmittelallergie.175.htm
[82] ebenda

der Lippen mit begleitetem Juckreiz kommen. Es kann auch der Magen-Darm-Trakt davon betroffen sein und es kommt zu Durchfall, Erbrechen, Bauchschmerzen sowie zu Koliken. Sollten solche Symptome auftreten steht ein sofortiger Besuch beim Arzt an, um die Folgeschäden sofort behandeln zu können. Wenn man von einer Lebensmittelallergie betroffen ist, dann wäre es von Vorteil, wenn man keinen Alkohol konsumiert bzw. viel Stress oder körperliche Anstrengung meidet, da diese die Symptome verstärken können.[83]

7.3 Ursachen

Wie bei allen anderen Allergien hat auch die Lebensmittelallergie dieselben Ursachen und zwar, dass das Immunsystem auf bestimmte, in der Regel eigentlich harmlose Substanzen, überreagiert. Es hängt jedoch vom Alter ab, welche Substanzen sich mehr oder weniger mit dem Immunsystem vertragen. Bei Säuglingen sind diese Substanzen oft Grundnahrungsmittel wie Milch oder Weizen, bei Jugendlichen und Erwachsenen eher Gemüse, Obst oder Nüsse.

---

[83] vgl.http://www.fitundgesund.at/krankheit/lebensmittelallergie.175.htm

Folgende Nahrungsmittel lösen besonders oft eine Lebensmittelallergie aus:

- Milchprodukte, Milch
- Eier
- Schalen- oder Krustentiere wie Krebse, Hummer oder Garnelen
- Fische
- Karotte und Sellerie
- Äpfel
- Samen, Nüsse, Sesam
- Roggenmehl, Weizenmehl
- Sojabohnen
- Senf
- Gluten[84]

„Auch Kreuzallergien kommen bei Nahrungsmittelallergien häufig vor. Beispiel: Lebensmittel, die mit Latexhandschuhen berührt werden wie Kiwi, Avocado oder Bananen."[85]

7.4 Behandlung

Der Arzt ordnet dem Allergiker an, dass er sämtliche auslösenden Substanzen meiden soll. Die Ernährung sollte aber

---

[84]vgl. http://www.fitundgesund.at/krankheit/lebensmittelallergie.175.htm
[85] ebenda

trotzdem ausgewogen und gesund sein. Hilfe kann man bei allergologisch spezialisierten Ernährungsberatern bekommen. Für den Notfall sollte ein Allergiker immer ein Allergie-Notfall-Set mit sich führen (Antihistaminikum, Glukokortikoid und Adrenalin-Präparat), denn in den meisten Fällen verstecken sich die Allergene in den Nahrungsmitteln. Die Symptome einer Lebensmittelallergie werden wie bei anderen Allergien mit Antihistaminika und Glukokortikoid behandelt. Sollte es zu Beschwerden im Magen-Darm-Trakt kommen, dann hilft in der Regel Cromoglicinsäure. Zur Behandlung von Hautekzemen werden Urea, Aloe Vera oder Dexpanthenol verschrieben, um die Schutzfunktion der Haut wieder aufzubauen.[86]

7.5 Arten

7.5.1 Weizenallergie

Man unterscheidet zwischen 3 Arten der Weizenallergie.

Allergie gegen Pollen

Viele sind allergisch gegen Pollen, die vor allem in Juni herumfliegen. Symptom dazu ist der Heuschnupfen, den Speiseplan beeinträchtigt diese Allergie allerdings nicht.

---

[86]vgl.http://www.fitundgesund.at/krankheit/lebensmittelallergie.175.htm

Bäckerasthma

Diese Allergie kommt vor allem bei Bäckern vor, die allergisch auf die Inhalation des Mehls reagieren. Auch hier ist das Essen des Getreides aber problemlos.

Weizenlebensmittelallergie

Hier wird der Eiweiß-Bestandteil des Getreides nicht vertragen.[87] *"Hierzu zählen Albumin und Globulin, die vor allem in der äußeren Schale des Korns vorkommen, sowie das Klebereiweiß Gluten innerhalb des Korns."*[88]

Symptome

- Verdauungsbeschwerden
- Asthma
- Neurodermitis
- Müdigkeit
- tränende Augen
- Konzentrationsschwäche

---

[87] vgl. http://www.fem.com/private/weizenallergie-chaos-im-darm-15833.html
[88] ebenda

Ernährung

Durch die Allergie sollten alle Produkte die Weizen und deren Bestandteile enthalten gemieden werden. Dazu zählen vor allem:

- Weizenmehl
- Weizenkeimlinge
- Weizenflocken
- Weizengrieß
- Weizenstärke
- Weizenkleie
- Weizenschrot[89]

"Auch Urformen des Weizens wie Dinkel, Kamut oder Einkorn werden nicht von allen Allergikern vertragen."[90]

Ausweichmöglichkeiten zu Weizen:

- Roggen
- Buchweizen
- Gerste
- Hafer
- Mehl aus Reis, Mais, Maronen, Soja oder Amarant

---

[89] vgl. http://www.fem.com/private/weizenallergie-chaos-im-darm-15833.html
[90] ebenda

Verwechslungsgefahr mit der Glutenunverträglichkeit

Die Weizenallergie sollte nicht mit der Glutenunverträglichkeit verwechselt werden, denn bei der Unverträglichkeit reagiert man überempfindlich auf Gluten, welches aber nicht nur im Weizen sondern auch in Roggen, Dinkel, Gerste oder Hafer zu finden ist. Somit sind die Ausweichmöglichkeiten auch keine Alternative, sondern man muss sich glutenfrei ernähren, um keine Beschwerden zu haben.[91]

7.5.2 Hühnereiallergie

Die Eiweiße im Eigelb und Eiklar sind die Allergieauslöser. Hier werden die 5 wichtigsten Eiweiße im Hühnerei kurz beschrieben.

- **Ovomukoid** (Eiklar) ist äußerst hitzebeständig und auch durch langes Kochen unzerstörbar. Bei dieser Allergie muss komplett auf Hühnereier verzichtet werden.

- **Ovalbumin** (Eiklar und Eigelb) ist sehr hitzestabil (bis 80°C), somit muss das Ei stark erhitzt werden um es zu essen.

- **Ovotransferrin** (Eiklar) wird beim Kochen und Braten zerstört, da es extrem hitzeempfindlich ist.

---

[91] vgl. http://www.fem.com/private/weizenallergie-chaos-im-darm-15833.html

- **Lysozym** (Eigelb) gleich wie beim Ovotransferrin extrem hitzeempfindlich.
- **Lyvetine** (Eigelb) auch extrem hitzeempfindlich. Die allergieauslösende Wirkung geht ab 69°C verloren.

Wer ist betroffen?

An der Hühnereiallergie leiden meist Säuglinge und Kleinkinder. Bis zum Schulalter verlieren allerdings ca. 80% der Betroffenen die Allergie wieder.[92]

Symptome

- Mundhöhle und Rachen
    - Brennen der Zunge und des Rachenraumes, Zahnfleischentzündungen, taube Lippen, Aphten
- Magen-Darm-Trakt
    - Blähungen, Durchfall, Verstopfung, Krämpfe, Darmentzündung
- Haut
    - Rötungen, Juckreiz, Ekzeme, Akne

- Erkältungsähnliche Symptome

---

[92]vgl.http://www.delicardo.de/Allergien/Lebensmittelunvertraeglichkeit/Huehnereier-Allergie

---

- ○ Schnupfen, Niesattacken, geschwollene Augenlieder[93]

Probleme

Eibestandteile kommen in fast jedem Lebensmittel vor, und so ist die Vermeidung von Hühnerei sehr schwierig. Eier werden als Emulgator (um wässrige und fettige Komponenten zu mischen), Bindemittel, zur Schaumbildung, Gelbfärbung oder thermische Koagulation (zum Klären von Brühen, Säften, Wein) genutzt. Auch in Fertigprodukten kann Hühnerei-Eiweiß vorkommen.[94]

Beim Einkaufen sollte man immer auf die Zutatenliste achten. Folgende Begriffe enthalten Hühnerei-Eiweiß:

- Eiöl
- Eiprotein
- Flüssigei
- Flüssigeigelb
- Flüssigeiweiß
- Gefrierei
- Trockenei
- Trockeneiweiß

---

[93]vgl.http://www.delicardo.de/Allergien/Lebensmittelunvertraeglichkeit/Huehnereier-Allergie
[94] vgl. ebenda

- Trockeneigelb

- (Ovo-)Albumin

- (Ovo-)Protein

- Simpelste

- Vollei

- E 322 Lecithin (Ei)

- E 1105 Lysozym (Ei)

Eiweiß in der Nährwertanalyse heißt nicht, dass Hühnerei verwendet wird.[95]

Mögliche Alternativen

Pflanzliche Bindemittel können das Ei in Soßen, Suppen oder Süßspeisen ersetzen, solange keine Unverträglichkeit gegen sie besteht.

- Johannisbrotkernmehl (Biobin, Nestarge)

- Guarkernmehl

- Agar, Gelatine, Pfeilwurzelmehl[96]

---

[95]vgl.http://www.delicardo.de/Allergien/Lebensmittelunvertraeglichkeit/Huehnereier-Allergie
[96] vgl. ebenda

7.5.3 Kuhmilchallergie

Dies ist eine Nahrungsmittelallergie, wobei man auf das Milcheiweiß, entweder Kasein oder Molkeneiweiß, allergisch reagiert. Nicht zu verwechseln mit der Laktoseintoleranz.

Wer ist betroffen?

In Europa sind ca. 2-3% der Säuglinge und Kleinkinder und 1% der Erwachsenen davon betroffen. "*Babys und Kleinkinder sind häufiger betroffen, da ihr Verdauungssystem noch nicht ausgereift ist.*"[97] Die Allergie wächst aber bei den meisten Kindern aus und im Schulalter können diese Milch wieder gut vertragen.[98]

Formen

Man unterscheidet zwischen Molkeneiweißallergie und Kaseinallergie, wobei die meisten häufig auf beides allergisch reagieren.

Da Molkeneiweiß hitzelabil ist und ab einer Temperatur von 77°C zerstört wird, vertragen Allergiker zum Beispiel die Haltbarmilch besser. Außerdem können Molkeneiweißallergiker Zie-

---

[97]http://www.netdoktor.at/krankheit/milcheiweissallergie-8096
[98] vgl. ebenda

gen-, Schaf- oder Stutenmilch vertragen und haben somit eine gute Ausweichmöglichkeit zur Kuhmilch.

Bei der Kaseinallergie müssen Milchprodukte allerdings streng gemieden werden, da Kasein hitzestabil ist.[99]

Beschwerden

Die folgenden Beschwerden können sofort (innerhalb von 2 Stunden) oder verzögert (bis zu 2 Tagen) nach dem Verzehr von Milchprodukten auftreten.

- Kribbeln im Mund
- Juckreiz
- Schwellungen an den Schleimhäuten und der Haut
- Hautekzeme
- Magen-Darm-Beschwerden (Übelkeit, Bauchschmerzen, Blähungen, Erbrechen, Durchfall, Verstopfungen)

Es kann auch zu anaphylaktischen Reaktionen kommen:

- Hautschwellungen
- Nesselsucht
- Asthma-Anfälle

---

[99] vgl. http://www.netdoktor.at/krankheit/milcheiweissallergie-8096

- oder sogar zum lebensbedrohlichen anaphylaktischen Schock, bei dem lebenswichtige Organe betroffen sind und es zu einem Kreislaufversagen führen kann.[100]

Feststellung

Pricktest

Dabei wird ein Tropfen Milcheiweißlösung in die Haut ober-flächlich eingeritzt (Unterarm). Reagiert die betroffene Hautstelle nach einigen Minuten mit einer Rötung, Schwellung oder Bläs-chenbildung ist eine Kuhmilchallergie erwiesen.

Blutuntersuchung

Es wird das Blutserum des Patienten mit Kuhmilcheiweiß vermischt. Danach misst man die Menge der IgE-Antikörper, welche der Körper bei einer Kuhmilchallergie vermehrt produ-ziert. Überschreitet der IgE-Wert einen bestimmten Wert, ist die Kuhmilchallergie sehr wahrscheinlich.[101]

---

[100] vgl. http://www.netdoktor.at/krankheit/milcheiweissallergie-8096
[101] vgl. ebenda

Behandlung

Die einzige Möglichkeit ist die Ernährungsumstellung, also die Milchprodukte meiden. Dabei wird unterschieden ob man auf Kasein oder Molkeneiweiß allergisch reagiert.

Kaseinallergie

Bei der Kaseinallergie muss auf Milch und Milchprodukte von allen Tierarten verzichtet werden. Manche Allergiker, die nicht so sensibel reagieren, können allerdings Milchprodukte wie Obers oder Butter vertragen, da hier ein geringer Eiweißanteil vorhanden ist. *"Generell gilt: Je höher der Fettanteil des Milchproduktes, desto geringer der Eiweißanteil und somit der Anteil an Allergenen. "*[102]

Molkeneiweißallergie

Bei der Molkeneiweißallergie hat man Ziegen-, Schaf- und Stutenmilch als gute Alternative zu Kuhmilch, da das Molkeneiweiß kuhmilchspezifisch ist.[103]

---

[102] http://www.netdoktor.at/krankheit/milcheiweissallergie-8096
[103] vgl. ebenda

---

8 Nachwort

Eine ausgewogene Ernährung ist der Grundpfeiler eines gesunden und aktiven Lebens. Die Nahrung versorgt unseren Organismus mit Energie, aber auch mit zahlreichen wichtigen Mikro- und Makronährstoffen und unterstützt unser Immunsystem bei der Vermeidung vieler Krankheiten.

Das Thema rund um Nahrungsmittelunverträglichkeiten gewinnt immer mehr an Bedeutung. Doch aus medizinischer Sicht besteht ein Aufholbedarf, vor allem was die frühzeitige Erkennung und dessen Umgang betrifft. Wer davon betroffen ist, sollte jedoch nicht den Kopf hängen lassen. Erst einmal ausgetestet, welche Nahrungsmittel man verträgt bzw. nicht verträgt, kann man den eigenen individuellen Speiseplan erstellen und so werden die ersten spürbaren Erfolge nicht lange auf sich warten lassen. Die Grundlage für die Erkennung einer Nahrungsmittelunverträglichkeit kann nur durch einen Facharzt diagnostiziert werden, sowie alle dadurch abgestammten Konsequenzen individuell auf die einzelnen Personen abgestimmt werden.

Ohne Mithilfe und Unterstützung unseres ehemaligen Professors Herrn Mag. Dr. Florian Buchmayr – Abendschulleiter der Handelsakademie Klagenfurt - wäre dieses Buch nie zustande gekommen. Er brachte uns auf die Idee unsere Maturaarbeit als Buch zu veröffentlichen, und hat uns des Weiteren bei der Umsetzung und der Veröffentlichung des Buches sehr unterstützt. Deshalb gilt ihm ein ganz besonderer Dank.

Die Autoren

 **Krenn Markus,** geboren 1987 in Friesach, studiert derzeit Wirtschaft und Recht an der Alpen-Adria-Universität in Klagenfurt.

 **Silvia Mosinzer,** geboren 1971 in Klagenfurt, arbeitet beim Amt der Kärntner Landesregierung in Klagenfurt.

 **Isabel Polanc,** geboren 1990 in Wolfsberg, studiert derzeit Molekularbiologie an der Karl-Franzens-Universität in Graz.

9. Anhang

9.1 Literaturverzeichnis

Bundesministerium für Gesundheit. (kein Datum). Abgerufen am 28. November 2013 von http://bmg.gv.at/home/Schwerpunkte/VerbraucherInnenges undheit/Lebensmittel/Lebensmittelrecht/Rechtsvorschriften _in_Oesterreich/Lebensmittelkennzeichnung

DEBInet. (1999). Abgerufen am 28. November 2013 von Deutsches Ernährungsberatungs- und Informationsnetz: http://www.ernaehrung.de/tipps/laktoseintoleranz/lakto10.p hp

delicardo. (2012). Abgerufen am 28. November 2013 von http://www.delicardo.de/Allergien/Lebensmittelunvertraeglic hkeit/Huehnereier-Allergie

Deutsche Zöliakie Gesellschaft. (2011). Abgerufen am 28. November 2013 von www.dzg-online.de

Dr. Neidert. (kein Datum). Abgerufen am 28. November 2013 von http://dr-neidert.de

fem. (25. September 2013). Abgerufen am 28. November 2013 von http://www.fem.com/private/weizenallergie- chaos-im-darm-15833.html

fitundgesund. (2008). Abgerufen am 28. November 2013 von

http://www.fitundgesund.at/krankheit/lebensmittelallergie.17
5.htm

Forum Gesundheit. (kein Datum). Abgerufen am 28.
November 2013 von www.forumgesundheit.at

fructose. (11. Februar 2004). Abgerufen am 28. November
2013 von
http://www.fructose.at/pdf/booklets/fructose_tabelle.pdf

Gekonnt Gekocht. (kein Datum). Abgerufen am 28.
November 2013 von http://blog.gekonntgekocht.de/wp-
content/uploads/2013/05/glutenfrei-symbol-dzg.jpg

Gesundheit, G. R. (2012). *Zöliakie - Das erfolgreiche
Behandlungskonzept bei Glutenunverträglichkeit.* Gräfe
und Unzer Verlag GmbH.

Gesundheitswissen. (kein Datum). Abgerufen am 28.
November 2013 von www.fid-gesundheitswissen.de

Glutenfrei Geniessen. (2006). Abgerufen am 28. November
2013 von www.glutenfreigeniessen.de

IG Zöliakie der deutschen Schweiz. (2013). Abgerufen am
28. November 2013 von http://www.zoeliakie.ch/

Ihr Zöliakie Ratgeber. (kein Datum). Abgerufen am 28.
November 2013 von www.was-ist-zoeliakie.de

Julius-Ecke. (kein Datum). Abgerufen am 28. November 2013 von http://www.julius-ecke.de/bilder/Anatomie/40_Innere-Organe/Duenndarm.jpg

Kochen-ohne. (2010). Abgerufen am 28. November 2013 von http://www.kochen-ohne.de/histaminintoleranz/histamin-intoleranz.php#ursachen

Laktoseintoleranz. (kein Datum). Abgerufen am 28. November 2013 von https://laktoseintoleranztest.info/

Ledochowski, U.-D. D. (2011). *Wenn Brot & Getreide krank machen.* TRIAS Verlag.

Mitohnekochen. (kein Datum). Abgerufen am 28. November 2013 von http://www.mitohnekochen.com/

NutriDis. (kein Datum). Abgerufen am 28. November 2013 von www.nutridis.at

Österreichische Arbeitsgemeinschaft Zöliakie. (kein Datum). Abgerufen am 28. November 2013 von http://www.zoeliakie.or.at/

Schocke, S. (2012). *Laktose-Intoleranz.* GU Verlag.

Schweizerische Interessengemeinschaft Histamin-Intoleranz. (2009). Abgerufen am 28. November 2013 von http://www.histaminintoleranz.ch/download/SIGHI-Lebensmittelliste_HIT.pdf

Zentrum der Gesundheit. (2006). Abgerufen am 28. November 2013 von http://www.zentrum-der-gesundheit.de/fructose-intoleranz-ia.html

Zöliakie Austausch. (kein Datum). Abgerufen am 28. November 2013 von www.zoeliakie-austausch.de

Zöliakie Südbayern. (kein Datum). Abgerufen am 28. November 2013 von http://www.zoeliakie-suedbayern.de/

Zöliakie-Treff. (2000). Abgerufen am 28. November 2013 von http://www.zoeliakie-treff.de/zoeliakie/zoeliakie.html

9.2 Abbildungsverzeichnis

9.3 Tabellenverzeichnis

Zeitfracht Medien GmbH
Ferdinand-Jühlke-Straße 7
99095 Erfurt, Deutschland
produktsicherheit@kolibri360.de